Taylor Swift,
la voz de una generación

COLECCIÓN
LEGADOS

En *Legados*, cada libro es un viaje íntimo al corazón de una existencia. Biografías reveladoras, memorias conmovedoras, diarios y autobiografías luminosas componen esta colección dedicada a quienes transformaron su tiempo y dejaron una marca indeleble en la historia, el arte, la ciencia o la vida cotidiana.

Aquí se reúnen las voces de quienes vivieron intensamente, pensaron con hondura, sintieron con verdad. Desde grandes personajes públicos hasta figuras anónimas con historias memorables, *Legados* celebra el poder de la experiencia humana cuando se convierte en palabra escrita.

Una colección para los que creen que cada vida bien contada es una lección de coraje, una chispa de inspiración y una forma de eternidad. Porque toda existencia humana merece ser contada. Y recordada.

MARITZA IZQUIERDO

Taylor Swift,
la voz de una generación

ALCARAZ
EDICIONES

© Alcaraz Ediciones, 2025
© Dulce María Alcaraz,2025
Mare Nostrum, 44
46420 – El Perelló
Sueca, Valencia
Teléf.: (+34) 910 46 54 33
e-mail: info@ alcarazediciones.es
https://alcarazediciones.es

I.S.B.N.: 979-13-87586-58-4

Diseño y maquetación: Iván García Molinero
Printed in Spain / Impreso en España

ÍNDICE

PRÓLOGO

Entre la emoción y el análisis: por qué Taylor Swift encarna el espíritu de una época

E n toda generación surge una voz capaz de traducir el pulso de su tiempo. En el siglo XXI, esa voz ha sido, para millones de personas, la de Taylor Swift. Lo que comenzó como la historia de una adolescente que componía canciones en su habitación de Pensilvania se ha transformado en un fenómeno global que trasciende la música y alcanza las dimensiones de la cultura, la política, el feminismo y la identidad colectiva. Swift ha logrado, en menos de dos décadas, lo que pocos artistas contemporáneos: construir una narrativa coherente entre la intimidad y la historia, entre lo personal y lo universal.

Nacida en 1989 en Wyomissing, Pensilvania, Taylor Alison Swift mostró desde niña una inclinación precoz por la escritura y la melodía. A los once años cantó el himno nacional en un partido de baloncesto de los Philadelphia 76ers y poco después comenzó a tocar la guitarra, inspirada por una visita fortuita de un técnico informático que le enseñó los primeros acordes. Aquella escena doméstica, casi trivial, marcaría el inicio de una carrera que reconfiguraría el modo en que la música popular se relaciona con la autobiografía y la emoción.

Swift emergió en una época de transición tecnológica: entre los últimos años del disco compacto y el auge de la música digital. En 2006, cuando lanzó su primer álbum, las redes sociales empezaban a modificar la relación entre artistas y público. Plataformas como MySpace y, más tarde, Twitter o Instagram, se convirtieron en espacios donde las emociones privadas podían hacerse públicas y colectivas. En ese contexto, Taylor supo anticipar una nueva forma de comunicación emocional: directa, transparente y literaria. Como señaló la revista *Rolling Stone:* "ninguna artista ha narrado su vida con tanta precisión emocional y al mismo tiempo con tanta conciencia de su papel en la cultura pop" (Rolling Stone, 2019).

Lo que distingue a Swift no es solo su talento compositivo —más de 250 canciones registradas y una decena de álbumes de estudio—, sino su capacidad para transformar la vulnerabilidad en relato cultural. Canciones como *Love Story, You Belong With Me* o *All Too Well* no se limitan a narrar desengaños juveniles o amores idealizados; son, en realidad, ejercicios de identidad colectiva. Millones de oyentes se reconocen en ellas, porque cada historia personal que canta parece hablar de algo más grande: el paso del tiempo, la pérdida de la inocencia, la búsqueda de autenticidad. Swift ha comprendido, como pocos, que "lo íntimo es político" y que la emoción compartida es una forma de comunidad.

Su trayectoria, además, ilustra una evolución artística que acompaña —y a veces anticipa— los grandes debates de su época: la emancipación femenina, la relación con los medios, la redefinición de la fama en la era digital y la recuperación del control sobre la propia obra. De su adolescencia country en *Fearless* (2008) a la sofisticación pop de *1989* (2014), del oscurantismo catártico de *Reputation* (2017) a la madurez introspectiva de *Folklore* (2020), la cantante ha hecho de cada álbum una nueva encarnación de sí misma. "Cada disco es un capítulo de mi diario", dijo Swift en una entrevista para *The Guardian* (2019). Esa noción de la música como escritura vital la emparenta, más que con otros ídolos del pop, con una tradición literaria que va de Sylvia Plath a Joni Mitchell: la de las autoras que convirtieron la experiencia individual en arte universal.

Taylor Swift no ha sido solo una intérprete de su tiempo, sino también una constructora de su propio mito. En un mundo que suele reducir a las mujeres al papel de musas o intérpretes, ella se ha erigido en autora total: escribe, produce, diseña sus giras y controla los derechos de su música. Su disputa con el magnate Scooter Braun por la propiedad de sus grabaciones originales —los llamados *masters*— puso en el centro del debate global la cuestión de la autonomía femenina en la industria. Cuando anunció la regrabación de sus primeros discos bajo la etiqueta *Taylor's Version*, lo hizo como un acto de resistencia simbólica. "Los artistas deberían poseer su propio trabajo", declaró en 2019. Aquella decisión, que podría haber parecido puramente contractual, se transformó en un gesto político que inspiró a toda una generación de jóvenes creadoras.

Sin embargo, el fenómeno Swift trasciende incluso la música. Sociólogos, críticos y periodistas han señalado cómo su figura articula temas centrales de la cultura contemporánea: la gestión de la fama, la exposición en redes, el empoderamiento, la vulnerabilidad emocional y la construcción de la autenticidad. En palabras de la académica Elizabeth Scala, profesora de la Universidad de Texas: "Taylor Swift representa el paradigma del sujeto moderno: autoconsciente, narrativo, interconectado y en constante reinvención" (Scala, *Journal of Popular Culture*, 2021).

Por eso, más que una biografía o una crónica de éxitos, este libro propone una lectura cultural de Taylor Swift como símbolo de una generación. Analizar su trayectoria significa explorar la transformación de la música en lenguaje social y emocional, el modo en que las narrativas personales se convierten en mitologías colectivas, y cómo una artista puede ser, al mismo tiempo, espejo y arquitecta de su tiempo. Entre la emoción y el análisis, la figura de Taylor Swift nos obliga a reconsiderar lo que entendemos por arte popular. Su obra demuestra que las canciones pueden ser literatura, que el pop puede tener profundidad simbólica y que la vulnerabilidad, lejos de ser debilidad, puede convertirse en una de las formas más poderosas de autenticidad. En sus letras, una generación entera ha encontrado el eco de su propio tránsito vital: del amor adolescente al desencanto adulto, de la inocencia al autoconocimiento, del anonimato a la exposición.

Taylor Swift no solo canta; traduce el alma de su tiempo. Su voz —metafórica y literal— se alza como una crónica de la emoción contemporánea, un mapa de los afectos en la era digital. Y quizás por eso, más allá de los récords, los premios y las giras multitudinarias, su mayor legado será haber demostrado que una canción bien contada puede ser también una forma de verdad.

CAPÍTULO 1.

La niña que escribía canciones

Wyomissing, Pensilvania: infancia entre campos y melodías

E n el corazón del condado de Berks, a orillas del río Wyomissing Creek, creció una niña que aún no imaginaba que su voz llegaría a millones de personas. Taylor Alison Swift nació el 13 de diciembre de 1989 en Reading, Pensilvania, pero pasó su infancia en Wyomissing, una pequeña localidad de poco más de diez mil habitantes. Era un entorno de apariencia tranquila, rodeado de campos, colinas y caballos, donde las estaciones marcaban el ritmo de la vida. Esa vida rural, entre lo doméstico y lo bucólico, imprimió en su sensibilidad un vínculo profundo con la naturaleza y la introspección, rasgos que más tarde aflorarían en su escritura.

Su familia pertenecía a una clase media acomodada. El padre, Scott Kingsley Swift, trabajaba como asesor financiero en Merrill Lynch, mientras que la madre, Andrea Gardner Swift, fue ejecutiva de mercadotecnia antes de dedicarse por completo a la crianza de sus hijos. Taylor creció junto a su hermano menor, Austin, en una casa de estilo colonial con grandes ventanales que miraban a los campos del condado. Años después, la artista recordaría esa etapa como una época de imaginación y curiosidad constante: "Me pasaba las tardes inventando historias, escribiendo en mis diarios o cantando con mi abuela. Creo que ahí empezó todo" (Swift, entrevista con *Rolling Stone*, 2014).

El paisaje de Wyomissing no solo le ofrecía belleza y serenidad; también le brindó el silencio necesario para escuchar su propio mundo interior. Andrea Swift solía llevarla a clases de equitación y a concursos escolares de poesía. Taylor comenzó a escribir versos a los diez años, influida por los cuentos que leía y las canciones que escuchaba en la radio. En casa sonaban artistas como Shania Twain, LeAnn Rimes y las Dixie Chicks, mujeres que, desde el country, desafiaban la frontera entre lo tradicional y lo moderno.

El germen de su vocación musical fue, sin embargo, tan fortuito como revelador. Un técnico de informática que había acudido al hogar de los Swift para reparar una computadora familiar le enseñó a tocar tres acordes básicos en la guitarra. A partir de entonces, Taylor no se separó de aquel instrumento. "Practiqué hasta que los dedos me sangraron", confesó años más tarde. Ese impulso autodidacta fue el primer signo de su determinación. En lugar de esperar a que la descubrieran, comenzó a crearse a sí misma.

Las tardes en Wyomissing se convirtieron en el taller de una futura narradora. Allí escribió sus primeras canciones, pequeñas piezas sobre la escuela, la amistad o los sueños adolescentes. Su abuela materna, Marjorie Finlay, había sido cantante de ópera, y esa herencia musical se mezclaba con una fascinación temprana por la escritura. En una entrevista con *CBS Sunday Morning*, Taylor recordó: "Siempre me interesaron las historias. Si no las estaba leyendo, las estaba inventando. La música fue simplemente el modo de contarlas".

La infancia de Swift coincidió con el auge de un nuevo tipo de cultura juvenil, marcada por el acceso a internet y la fragmentación de los géneros musicales. Pero en Wyomissing, la distancia con los grandes centros urbanos y la tradición de la música country crearon un espacio híbrido entre lo clásico y lo emergente. Esa combinación de raíces locales y horizontes globales definiría toda su carrera. Advirtió la periodista Ann Powers: "Taylor Swift representa el sueño americano en su versión digital: una chica de pueblo que convierte su voz íntima en un fenómeno planetario" (*NPR Music*, 2020).

En los festivales escolares y ferias locales, la pequeña Taylor comenzó a interpretar versiones de artistas country, pero muy pronto empezó a escribir sus propias letras. No se trataba de canciones infantiles, sino de relatos emocionales sobre la inseguridad, la pertenencia y la búsqueda de aceptación. Lo que la diferenciaba de otros niños talentosos no era su voz —aún en formación—, sino su mirada de autora. Desde entonces, cada experiencia cotidiana se transformaba en material narrativo.

La familia, consciente de su talento, la apoyó con decisión. Andrea la acompañaba a concursos y presentaciones; Scott gestionaba las finanzas y grababa maquetas con su hija. En una entrevista de 2015, la madre recordó: "Era muy insistente. Si alguien le decía que no, ella respondía que encontraría otra manera". Esa perseverancia sería, con los años, una de sus señas de identidad.

En Wyomissing, Taylor Swift aprendió las primeras lecciones que marcarían su arte: la importancia de observar, la necesidad de escribir para comprender y la valentía de convertir lo personal en canción. Su voz, antes de conquistar los escenarios, se formó en el eco silencioso de una comunidad pequeña, donde cada emoción encontraba su reflejo en el paisaje. Esa infancia entre campos y melodías sería la semilla de una poética que, décadas después, seguiría resonando en su obra. Porque, como ella misma dijo en 2021: "todo lo que soy como artista nació de una niña que escribía canciones para entender el mundo".

La influencia familiar y el despertar artístico

En el desarrollo de toda vocación artística, la familia suele representar un territorio ambivalente: refugio, impulso y, en ocasiones, frontera. En el caso de Taylor Swift, ese entorno familiar fue, desde el inicio, un catalizador de su sensibilidad y de su disciplina creativa. Los Swift no eran una familia del espectáculo ni del ámbito musical profesional, pero comprendieron pronto que su hija poseía un don singular: una facilidad innata para traducir las emociones en palabras.

Andrea Swift, su madre, tuvo un papel decisivo. Provenía de una familia del sur de Estados Unidos y había trabajado en el mundo de la comunicación y la publicidad. Poseía una intuición especial para comprender el poder de la narrativa, y alentó en su hija la costumbre de escribir diarios y poemas. Taylor conservaría ese hábito durante toda su vida, hasta convertirlo en la base de su composición musical. "Mamá siempre me decía que lo escribiera todo. Que las palabras me ayudarían a entender lo que sentía" (Swift, entrevista con *CBS Sunday Morning*, 2018). Aquella costumbre de registrar la experiencia emocional se transformó, con los años, en la estructura de sus canciones: narraciones en primera persona, con un tono íntimo y confesional, que invitan al oyente a habitar su mundo interior.

El padre, Scott Swift, aportó otro tipo de influencia. Hombre metódico y trabajador, transmitió a su hija la idea de que el talento no basta sin disciplina. Taylor lo ha descrito como "un optimista incansable" y "el tipo de persona que cree que todo puede lograrse con esfuerzo". Esa visión pragmática la ayudó a enfrentar los rechazos iniciales en Nashville y a mantener la constancia en un entorno competitivo. "Él me enseñó que las metas grandes se construyen a partir de pasos pequeños, constantes", recordaría en 2020.

El hogar de los Swift no era especialmente musical, pero sí cultivado. Andrea escuchaba country y folk clásico, mientras que Taylor creció con discos de Shania Twain, Dolly Parton y LeAnn Rimes. De esas artistas heredó el gusto por el relato autobiográfico y el protagonismo femenino dentro de un género históricamente dominado por hombres. "Me fascinaba que las mujeres pudieran contar sus propias historias en una canción", diría en una entrevista con *Vanity Fair* (2012).

Su abuela materna, Marjorie Finlay, cantante de ópera y presentadora de televisión en Puerto Rico durante la década de 1960, dejó una huella profunda en la niña. Taylor dedicó su canción *Marjorie* (2020) a esa figura tutelar, donde canta: "Si no sabía quién era, estaba bien, porque lo aprendí de ti". En ese verso se condensa la transmisión intergeneracional de una sensibilidad artística, donde la voz femenina —literal y simbólica— se convierte en herencia y destino.

A diferencia de otras estrellas infantiles moldeadas por la industria, Swift creció en un entorno que equilibraba el afecto y la exigencia. Andrea y Scott no la empujaron a una carrera precoz; más bien la acompañaron en su búsqueda. Cuando Taylor expresó su deseo de viajar a Nashville para probar suerte como compositora, sus padres no lo desestimaron como un capricho pasajero. Andrea la llevó personalmente a dejar maquetas en las discográficas locales, y aunque todas fueron rechazadas, esa experiencia temprana la formó en la resiliencia. "Cada *no* que recibí me enseñó algo sobre quién quería ser", escribió en una carta abierta a sus seguidores en 2015.

El despertar artístico de Taylor no fue un destello repentino, sino un proceso de sedimentación. A través de los diarios que comenzó a escribir desde niña, descubrió que podía ordenar sus emociones mediante la palabra. A través de la guitarra, comprendió que esas palabras podían transformarse en melodía. Y en la escucha de las mujeres del country, intuyó que contar su historia podía ser un acto de libertad.

Entre los once y los trece años participó en concursos locales, ferias y festivales escolares. En uno de ellos interpretó *Big Deal* de LeAnn Rimes, ganando el primer premio. Pero más allá de los trofeos, lo importante era la convicción que crecía en ella: la idea de que podía construir su propio lenguaje. En su adolescencia temprana, Taylor ya había encontrado la síntesis entre dos mundos —el literario y el musical— que luego se convertirían en su sello. Su madre ha contado en varias ocasiones que, antes de dormir, la niña le pedía leer los diarios que escribía. "No buscaba aprobación", explicó Andrea Swift en 2019, "solo quería saber si lo que sentía podía entenderse. Si sus palabras llegaban al corazón de alguien más". Esa necesidad de conexión emocional sería, desde entonces, el motor de su arte.

El ambiente familiar, con su mezcla de apoyo emocional, educación tradicional y amor por las palabras, fue el terreno fértil donde germinó la autora que años después escribiría himnos generacionales. Desde los diarios escolares de Wyomissing hasta los estadios llenos de *The Eras Tour*, hay una línea invisible que une a la niña que escribía canciones con la mujer que aprendió a transformar la experiencia en arte compartido. Porque, en definitiva, la historia de Taylor Swift comienza en un hogar donde la emoción era escuchada, donde los silencios tenían valor y donde una niña aprendió que escribir podía ser una forma de existir.

Primeras composiciones: diarios, guitarras y sueños

Antes de que las luces del escenario la alumbraran, Taylor Swift ya habitaba un mundo hecho de palabras y melodías. Su adolescencia temprana fue un laboratorio emocional donde la escritura y la música se entrelazaron hasta formar una única voz. Mientras otros adolescentes expresaban sus inquietudes en redes o conversaciones fugaces, Taylor lo hacía en forma de canción. En sus cuadernos —que luego inspirarían la estética de sus álbumes *Speak Now* y *Red*—, cada página era una mezcla de confesión y aspiración. "Escribía para entender lo que me estaba pasando", recordaría en una entrevista con *The Guardian* (2019). "No sabía que esas canciones algún día podrían cambiar mi vida".

La primera composición conocida de Taylor, escrita a los doce años, se titulaba *Lucky You*. La letra hablaba de una niña que observaba desde lejos cómo otros alcanzaban aquello que ella deseaba. No era un tema trivial: contenía, ya en germen, la tensión entre la vulnerabilidad y la ambición que recorrería toda su obra. A esa edad, Taylor había comprendido que la música podía ser una forma de afirmación frente a la inseguridad. Lo que empezó como un juego entre acordes se convirtió en su modo natural de existir.

La guitarra fue su compañera inseparable. Andrea Swift contaría más tarde que su hija pasaba horas practicando en su habitación hasta dominar la técnica. La repetición era obsesiva, pero también liberadora. "La guitarra me enseñó la paciencia", diría Taylor en una entrevista con *CMT Insider* (2007). "Cada vez que aprendía un nuevo acorde, sentía que podía escribir una historia diferente". Aquella relación casi ritual con el instrumento la llevó a desarrollar un estilo compositivo basado en progresiones simples, pero con una fuerza emocional inmediata.

Sus diarios, que empezaron siendo un refugio íntimo, se transformaron poco a poco en el material base de sus canciones. Swift convirtió la experiencia cotidiana en materia poética: los rumores escolares, los primeros enamoramientos, la soledad adolescente. La sinceridad de esas letras nacía de un impulso genuino: no pretendía construir un personaje, sino entenderse a sí misma. Como diría años después: "He aprendido que la vulnerabilidad no es una debilidad; es mi superpoder" (*Time Magazine*, 2023).

En esas páginas escritas con letra apretada y tachaduras nerviosas, comenzó a esbozarse el tono narrativo que la distinguiría. Swift no escribía solo sobre emociones, sino desde ellas. Cada canción era una microhistoria con un principio, un conflicto y una resolución emocional. Ese sentido de estructura, cercano al relato breve, se convertiría en uno de los rasgos literarios más notables de su obra. Por eso, muchos críticos —como Stephen Thomas Erlewine, de *AllMusic*— han afirmado que "Swift no solo compone canciones: escribe pequeñas novelas en tres minutos".

Entre 2002 y 2004, Taylor y su madre viajaron con frecuencia a Nashville, la capital del country. Llevaban maquetas grabadas en CD, que la adolescente entregaba personalmente en las discográficas locales. Fue rechazada en todas. "Recuerdo a los ejecutivos diciéndome que volviera cuando tuviera dieciocho años. Yo tenía once y no entendía por qué no podía empezar ya", contó años más tarde en un discurso para *Billboard Women in Music* (2019). Pero aquella experiencia, lejos de desanimarla, consolidó su propósito. Esos rechazos tempranos serían el motor de su tenacidad: la prueba de que el talento sin persistencia no trasciende.

En paralelo, su universo musical se expandía. Además de las grandes voces del country, Swift comenzó a interesarse por la música pop y el rock melódico. Escuchaba a Michelle Branch, Avril Lavigne y Alanis Morissette, mujeres que exploraban la contradicción entre fuerza y fragilidad. De ellas aprendió la importancia de la autenticidad. En su adolescencia, compuso temas inspirados en esas influencias, y empezó a presentarse en cafés locales, ferias estatales y festivales benéficos. Cada actuación era una prueba de fuego: su manera de enfrentarse al miedo escénico y aprender a dominar la emoción ante el público.

En 2003, participó en un concurso nacional de composición organizado por *Nashville Songwriters Association International*. Aunque no ganó, su talento llamó la atención de algunos productores locales. Uno de ellos, Dan Dymtrow, se ofreció a representarla y a presentarla en círculos profesionales. Gracias a él, Taylor grabó un demo de tres canciones en Hendersonville, Tennessee. Las canciones hablaban de amores adolescentes y de anhelos de independencia, pero ya se notaba una voz singular, fresca, que combinaba la honestidad del country con la inmediatez del pop.

Detrás de esa voz había una ética de trabajo poco común en una niña de su edad. "Taylor siempre fue muy consciente de lo que quería. No esperaba que las cosas ocurrieran: las provocaba", recordó Dymtrow en 2008. Esa combinación de imaginación y estrategia marcaría su trayectoria futura. No se trataba solo de escribir canciones, sino de diseñar una narrativa coherente que la acompañara.

Su habitación de Wyomissing se fue llenando de cuadernos, cintas y bocetos musicales. En las paredes colgaban frases y melodías escritas a mano, muchas de las cuales reaparecerían años más tarde en su repertorio. Era el mapa secreto de una artista en formación. En aquel pequeño cuarto, entre la madera del suelo y la luz de Pensilvania filtrándose por la ventana, Taylor Swift comenzó a definir su destino.

Lo que entonces era un sueño adolescente —ser escuchada— se transformó en una vocación profunda: escribir para conectar, para dejar huella, para comprender la vida a través del arte. En uno de sus diarios de 2002, citados en el documental *Miss Americana* (Netflix, 2020), puede leerse una frase premonitoria: "No quiero que me recuerden solo por una canción, sino por haber contado mi historia con sinceridad". Y así fue. Antes de los Grammy, antes de los récords, antes de las multitudes, hubo una niña que creía que una guitarra podía cambiar su mundo. Y, de algún modo, lo hizo.

El mito fundacional: una adolescente que se niega a ser silenciada

En toda historia de éxito hay un punto de inflexión, un momento en que la voluntad se enfrenta a la negación y el destino se decide. En la vida de Taylor Swift, ese momento ocurrió antes de cumplir los catorce años, cuando comprendió que la industria musical no abría fácilmente sus puertas a una adolescente que insistía en escribir sus propias canciones. Nashville, la meca del country, era por entonces un territorio dominado por hombres adultos, donde las jóvenes aspirantes solían ser moldeadas por productores y compositores profesionales. Pero Taylor, recién llegada de Pensilvania con una guitarra en la mano y un cuaderno lleno de letras, no estaba dispuesta a ceder el control de su voz.

En 2003, acompañada por su madre, recorrió las oficinas de las principales discográficas del Music Row con un demo en CD. En cada recepción, la escena se repetía: una niña rubia, vestida con jeans y botas, preguntando si podía dejar sus canciones. Casi todas las compañías la rechazaron. "Nos decían que era muy joven, que esperáramos unos años, que volviera cuando creciera", recordaría Andrea Swift en una entrevista con *Taste of Country* (2016). Sin embargo, para Taylor, aquellas negativas no significaban un final, sino un comienzo. "Cuando todos te dicen que no, aprendes a crear tu propio sí", contaría después la artista.

Ese espíritu de autoafirmación —precursor del que años más tarde definiría su discurso feminista— constituye el núcleo de su mito fundacional: la historia de una adolescente que no se deja silenciar por la autoridad de la industria. Es el relato de origen de la artista que, desde su primera oportunidad, decidió escribir su propia narrativa.

Poco después de aquellos rechazos, la familia Swift tomó una decisión radical: mudarse a Hendersonville, Tennessee, a pocos kilómetros de Nashville, para facilitar las aspiraciones de su hija. El gesto simbolizó un acto de fe. No se trataba solo de apoyar un talento, sino de apostar por un proyecto vital. Taylor ingresó en la Hendersonville High School, donde continuó escribiendo canciones mientras asistía a clases. Por las tardes acudía a sesiones con compositores locales, aprendiendo las dinámicas del oficio y la estructura de las canciones comerciales. Su determinación comenzó a llamar la atención en los círculos profesionales.

A los catorce años, firmó un contrato de desarrollo con Sony/ATV, convirtiéndose en la compositora más joven que la empresa había contratado hasta entonces. Allí aprendió a perfeccionar su técnica y a adaptar su sensibilidad literaria a las exigencias del mercado. Pero, incluso en ese entorno, se resistía a ser dirigida. "Quería escribir sobre lo que conocía —la escuela, los amigos, los sentimientos—, y no sobre lo que los adultos creían que debía cantar", explicó en 2008. Esa defensa de la autenticidad sería su sello inconfundible.

Los primeros productores que trabajaron con ella comprendieron enseguida que estaban ante una artista con una visión inusual. Nathan Chapman, quien luego produciría su álbum debut, recordó: "Taylor no venía a que le hicieran canciones. Venía con las canciones ya escritas.

Solo quería que la ayudáramos a grabarlas" (*The Tennessean*, 2009). Aquella actitud de independencia —inusual en una menor de edad— rompía con los cánones establecidos. En un entorno donde la juventud femenina era a menudo tratada como material moldeable, Swift exigía ser tratada como autora.

El mito de la adolescente que se niega a ser silenciada no es una simple anécdota biográfica: es la raíz ética y simbólica de toda su carrera. Representa la génesis de su narrativa de resistencia, que más tarde reaparecerá en canciones como *Mean*, *The Man* o *You Need to Calm Down*. En ellas, Swift transforma los obstáculos en materia artística y convierte la vulnerabilidad en una forma de poder.

Su historia temprana también ilustra un fenómeno sociocultural más amplio: el surgimiento, en los años 2000, de una generación de mujeres jóvenes que comenzaron a reclamar autonomía en industrias dominadas por estructuras patriarcales. Taylor Swift fue una de las primeras en hacerlo dentro del country y el pop mainstream. La crítica Ann Powers lo expresó así: "Swift cambió las reglas al insistir en que una joven podía ser autora de su propio relato sin pedir permiso. Su historia es, en ese sentido, la metáfora perfecta de la autoafirmación femenina en la era digital" (*NPR Music*, 2020).

El traslado a Tennessee marcó el final de la infancia y el comienzo de la vocación profesional.

Entre clases, composiciones y actuaciones en cafés locales, la adolescente consolidó su identidad como narradora de lo cotidiano. Escribía sobre lo que vivía, pero con una conciencia de forma y tono poco habitual para su edad. Sus letras no eran simples confesiones: eran relatos con personajes, emociones y desenlaces. Esa habilidad narrativa, más literaria que comercial, sería el germen de su estilo futuro.

En retrospectiva, la propia Swift ha definido aquellos años como "mi entrenamiento en ser escuchada". En su discurso de 2019 al recibir el premio *Woman of the Decade* de *Billboard*, declaró: "Cuando tenía trece años, los adultos me decían que una chica como yo no podía escribir sus propias canciones. No lo decían con crueldad, sino con condescendencia. Y aprendí a convertir esa condescendencia en combustible". Esa frase resume el origen del mito: la conciencia de que su voz debía abrirse paso en un mundo que no siempre la esperaba.

Cada artista necesita un relato que dé sentido a su trayectoria, una fábula de inicio que explique su destino. Para Taylor Swift, ese relato no es una invención publicitaria, sino una verdad biográfica: la de una adolescente que, desde su habitación en Wyomissing hasta su llegada a Nashville, se negó a aceptar el silencio impuesto. Allí, entre el rechazo y la determinación, nació la autora que hoy representa el espíritu de toda una generación.

CAPÍTULO 2.

Nashville: el corazón del country

El viaje iniciático al sur: la industria musical y el aprendizaje del fracaso

En la historia de la música estadounidense, Nashville representa mucho más que una ciudad: es un territorio simbólico, una especie de Meca del country donde se forjan —y se frustran— los sueños de quienes buscan un lugar en la tradición musical del sur. Para Taylor Swift, llegar allí fue un acto de fe, una peregrinación hacia el centro de una cultura que admiraba desde niña. A comienzos de la década del 2000, mientras la mayoría de las adolescentes de su edad pensaban en bailes escolares y exámenes, Taylor se preparaba para enfrentar una industria tan competitiva como jerárquica, donde el talento juvenil no siempre era bienvenido.

El viaje a Nashville comenzó en 2003, cuando Taylor tenía trece años. Andrea Swift cargó el coche familiar con una caja de discos demo —grabaciones caseras con canciones escritas e interpretadas por su hija— y juntas emprendieron el trayecto desde Pensilvania hasta Tennessee. Aquella ruta, de más de mil kilómetros, marcó el paso simbólico de la infancia a la vocación. La adolescente que había escrito sus primeros versos en Wyomissing iba en busca de su destino.

"Recuerdo ver los carteles que decían 'Bienvenidos a Nashville' y sentir que estaba entrando en otro planeta", evocaría Taylor años más tarde (*Time*, 2019).

Nashville era, y sigue siendo, el epicentro del country norteamericano: una ciudad donde los compositores se reúnen en cafés para intercambiar letras, los músicos viven de tocar en bares nocturnos y las discográficas deciden quién merece ser escuchado. En aquel contexto, una chica de trece años con su guitarra no parecía una amenaza. Sin embargo, su presencia, modesta pero decidida, comenzó a llamar la atención por la intensidad con que hablaba de sus canciones.

Durante las primeras visitas, Taylor recorrió el *Music Row*, la calle mítica donde se concentran las editoras musicales y los estudios de grabación. Dejó sus maquetas en cada recepción, esperando ser escuchada. Nadie la contrató. "Recibimos una negativa tras otra", contó Andrea Swift. "Algunos ni siquiera abrían el sobre. Pero ella nunca lloró. Solo decía: 'Volveré'" (*Taste of Country*, 2016). Aquella sucesión de rechazos, lejos de quebrarla, se convirtió en una escuela de resistencia.

El fracaso temprano cumplió una función formativa. Taylor comprendió que la industria musical no premia necesariamente el talento, sino la persistencia. Nashville le enseñó que el arte no siempre basta, que hay que aprender a moverse entre contratos, agentes y expectativas. Fue también la primera vez que se enfrentó al dilema entre autenticidad y comercialidad, una tensión que acompañaría toda su carrera. En sus primeras reuniones con productores, muchos le sugerían cambiar su estilo o interpretar temas escritos por otros. Taylor se negó. "No quiero ser la voz de las canciones de alguien más", dijo entonces. "Quiero que mis canciones sean mi voz" (entrevista con *CMT Insider*, 2007).

Ese espíritu de independencia temprana no era común en el entorno country de comienzos de siglo. Las jóvenes intérpretes solían depender de compositores experimentados, y su papel se limitaba a la interpretación. Taylor desafió ese modelo, insistiendo en ser reconocida como autora. Su insistencia derivó, finalmente, en una oportunidad: en 2004 firmó un contrato de desarrollo con Sony/ATV Music Publishing, convirtiéndose en la compositora más joven de la historia de la compañía. Sin embargo, el contrato no garantizaba grabaciones ni discos, solo la posibilidad de participar en sesiones de escritura con otros artistas.

Aquella experiencia fue su primer contacto directo con la maquinaria profesional del country. Aprendió los códigos, la estructura de las canciones de tres minutos, el lenguaje del verso y el estribillo. Pero, sobre todo, aprendió a no dejarse moldear. En su discurso de 2016 en la ceremonia de los Grammy, Swift recordaría: "Había hombres de traje que me decían qué tipo de música debía hacer para encajar. Si hubiera seguido su consejo, hoy no estaría aquí. Aprendí a confiar en mi instinto, incluso cuando era la única que lo escuchaba".

Nashville no fue solo el escenario de su aprendizaje técnico, sino también emocional. En esa ciudad Taylor conoció el silencio del rechazo y la soledad del inicio. Sin embargo, también descubrió la comunidad de compositores, la solidaridad de los músicos y la belleza de un oficio que exige paciencia. Pasaba las tardes escribiendo con otros autores y las noches asistiendo a presentaciones locales en el legendario *Bluebird Café*, donde artistas como Garth Brooks y Faith Hill habían comenzado sus carreras. Fue precisamente allí donde, en 2005, un hombre cambió su destino: Scott Borchetta, ejecutivo de una discográfica que estaba a punto de fundar su propio sello, *Big Machine Records*.

Borchetta quedó impresionado por la seguridad con que aquella adolescente se presentaba en el escenario. "Sabía quién era, sabía lo que quería decir y cómo quería decirlo. Eso es algo que no se enseña", recordaría el productor en 2009. En ese momento, la semilla del mito comenzó a germinar: la niña de Wyomissing estaba a punto de convertirse en la artista más joven en firmar un contrato discográfico con una compañía independiente.

Pero antes del éxito, llegó la espera. Entre 2004 y 2006, Taylor experimentó la incertidumbre que todo artista conoce: la de no saber si será escuchado. Continuó escribiendo compulsivamente, asistiendo a la escuela y preparando material para cuando llegara la oportunidad. Ese periodo de aparente silencio fue, en realidad, una etapa de maduración artística. Las canciones que componía hablaban de frustraciones adolescentes, amores imposibles y sueños de reconocimiento. En ellas se adivinaba una sinceridad que pronto se convertiría en su marca.

El viaje iniciático a Nashville no fue un cuento de hadas, sino una lección de realidad. Swift aprendió que la industria podía ser indiferente, pero también que su identidad artística debía forjarse en la adversidad. La adolescente que llegó a Tennessee con un demo bajo el brazo no encontró un camino abierto; lo construyó a fuerza de perseverancia. En palabras suyas: "El rechazo fue mi maestro más duro, pero también el más sabio. Me enseñó a no esperar permiso para ser quien soy".

Así, en esa ciudad que había rechazado sus primeros intentos, Taylor Swift comenzó a escribir la primera página de su mito moderno: el de una joven autora que convierte cada obstáculo en canción.

La figura de Scott Borchetta y el nacimiento de Big Machine Records

La historia de Taylor Swift no puede comprenderse sin la figura de Scott Borchetta, un empresario que, en pleno reacomodo de la industria musical, apostó por el talento de una adolescente desconocida. La relación entre ambos —primero simbiótica, después conflictiva— fue determinante para el ascenso de Swift y, más tarde, para uno de los episodios más controvertidos de su carrera: la batalla por la propiedad de sus grabaciones originales.

Scott Borchetta nació en 1962 en Burbank, California, y creció en un entorno familiar vinculado al mundo del espectáculo. Su padre, Mike Borchetta, había trabajado como promotor musical, lo que le permitió conocer desde joven los engranajes del negocio. Tras mudarse a Nashville en la década de 1980, Scott comenzó a trabajar en sellos importantes como Universal Music y DreamWorks Records, donde aprendió los códigos de una industria en permanente transformación. Sin embargo, hacia comienzos de los años 2000, advirtió que las grandes discográficas estaban perdiendo agilidad frente a los cambios tecnológicos: el auge de Internet, la piratería digital y las nuevas plataformas estaban modificando la manera de consumir música.

En ese contexto decidió fundar su propio sello, *Big Machine Records*, en 2005. Su idea era simple, pero ambiciosa: crear una compañía independiente capaz de descubrir talentos emergentes, con una gestión flexible y una comunicación directa con el público. La metáfora del nombre —"Gran Máquina"— expresaba esa voluntad de empuje y resistencia en un tiempo de incertidumbre para la industria. Con un capital inicial modesto y una visión estratégica, Borchetta buscaba artistas que combinaran autenticidad, juventud y potencial comercial.

Fue precisamente en el *Bluebird Café* de Nashville donde conoció a Taylor Swift. Aquella noche, la joven interpretó un puñado de canciones originales frente a un público reducido. Borchetta quedó impresionado por la madurez de sus letras y la seguridad escénica de una chica de apenas catorce años. "No estaba interpretando el sueño de alguien más. Estaba viviendo el suyo", recordaría en una entrevista con *Billboard* (2009). Poco después de ese encuentro, le propuso firmar como la primera artista del sello que estaba por nacer.

El acuerdo se concretó en 2005, cuando Taylor tenía solo quince años. *Big Machine Records* nació prácticamente con su nombre como bandera. La compañía apostó todo su capital inicial en la producción del primer álbum de la cantante. Borchetta, que asumió el rol de mentor y promotor, entendió que su fuerza residía en su autenticidad: en esa mezcla de inocencia adolescente y determinación adulta. "Taylor era especial porque no quería ser moldeada; venía con su visión completa. Solo necesitaba a alguien que creyera en ella", declaró Borchetta en 2012.

El primer disco, *Taylor Swift* (2006), fue lanzado bajo su supervisión directa. Las estrategias de promoción fueron inusuales para la época: en lugar de depender únicamente de las radios country tradicionales, Borchetta impulsó la presencia de Taylor en redes sociales emergentes como MySpace, donde interactuaba directamente con los fans. Aquella combinación de talento, cercanía digital y marketing emocional resultó explosiva. En pocos meses, *Tim McGraw*, el sencillo debut, ingresó en el Top 10 de la lista *Hot Country Songs* de *Billboard*. La adolescente que había sido rechazada por todas las discográficas de Nashville ahora encabezaba una revolución silenciosa dentro del género.

Borchetta comprendió que el fenómeno Swift representaba algo más que una voz prometedora: era una nueva forma de conectar con el público. "Ella escribía las historias de su generación", explicó en 2008. "Mientras otros artistas buscaban agradar, Taylor buscaba hablar honestamente. Y eso vendía más que cualquier fórmula". De hecho, el éxito del debut permitió consolidar económicamente al sello y atraer a otros artistas, convirtiendo a *Big Machine Records* en una referencia del country contemporáneo.

Sin embargo, detrás del éxito inicial se gestaba una tensión latente. Borchetta, como fundador del sello, conservaba los derechos de los másteres originales de las grabaciones, una práctica habitual en la industria, pero que años más tarde generaría un conflicto público cuando la artista exigió el control de su propio catálogo. En ese sentido, la relación entre ambos encarna una paradoja fundamental: el hombre que apostó por la libertad creativa de una adolescente sería, en el futuro, el símbolo del sistema que ella buscó desafiar.

En sus primeros años, no obstante, la alianza fue fructífera. Borchetta funcionó como un mediador entre la sensibilidad artística de Swift y las exigencias comerciales del mercado. La apoyó en la composición de su propio repertorio, promovió su participación en festivales y giras, y diseñó una estrategia de crecimiento sostenido. Cada álbum debía mostrar una nueva faceta de la artista, sin perder la coherencia narrativa de su historia personal.

Bajo su dirección, *Big Machine* cultivó un modelo empresarial innovador: en lugar de imponer repertorios, alentaba la autoría y la autenticidad. Este enfoque, aunque motivado también por conveniencia comercial, permitió que Taylor Swift se consolidara como compositora, algo poco frecuente en las jóvenes cantantes de la época. El resultado fue una relación compleja: Borchetta era, al mismo tiempo, el mentor que creyó en ella y el empresario que representaba las limitaciones estructurales de la industria musical.

El nacimiento de *Big Machine Records* coincidió con el renacer de la figura del cantautor dentro del country y el pop. La juventud de Taylor, su control narrativo y la frescura de sus letras ofrecían al género un nuevo aire, más íntimo y menos tradicionalista. Como señaló el crítico Jon Caramanica en *The New York Times* (2008), "Swift devolvió al country su corazón narrativo y lo proyectó hacia el siglo XXI". Borchetta supo capitalizar ese potencial, transformando a una adolescente en la voz más influyente de una generación.

El vínculo entre ambos, forjado en la confianza y el riesgo compartido, definió una etapa fundamental en la carrera de Swift. Aquel pacto inicial —entre una joven autora y un empresario visionario— dio origen a uno de los fenómenos musicales más poderosos de la era moderna. Pero también sembró las bases del conflicto que, años más tarde, abriría una discusión global sobre los derechos de los artistas, el poder corporativo y la propiedad de la voz propia.

Por ahora, en el relato de esos primeros años, la historia aún era luminosa. Borchetta representaba la figura del aliado necesario, el hombre que vio en una adolescente persistente no solo a una cantante, sino a una creadora. Y en ese reconocimiento se inició el verdadero ascenso de Taylor Swift: la joven que había aprendido en Nashville que, incluso en la industria más dura, una canción auténtica podía abrir todas las puertas.

"Tim McGraw" y los inicios de un fenómeno adolescente

El verano de 2006 marcó un antes y un después en la historia del country moderno. Una canción escrita por una adolescente de dieciséis años comenzó a sonar en las radios de Nashville y, en pocas semanas, se convirtió en un fenómeno nacional. Su título, *Tim McGraw*, era ya una declaración de intenciones: una joven desconocida invocando el nombre de una leyenda viva del género. Con esa canción, Taylor Swift no solo presentaba su talento, sino también su ambición artística y su dominio del relato autobiográfico.

Swift escribió *Tim McGraw* durante su primer año de secundaria, en Hendersonville. Inspirada por un romance adolescente que estaba llegando a su fin, la canción combinaba la melancolía del primer amor con una sensibilidad literaria sorprendente para su edad. "Sabía que mi novio se iba a ir a la universidad al final del verano", recordó en una entrevista con *CMT Insider* (2007). "Así que pensé en lo que podría hacer que se acordara de mí. Y lo primero que me vino a la mente fue la música que escuchábamos juntos, especialmente las canciones de Tim McGraw".

El tema fue coescrito con Liz Rose, una compositora experimentada con quien Taylor desarrollaría una relación profesional clave durante sus primeros discos. Rose ha contado que las sesiones de composición con Swift eran extraordinarias: "Ella llegaba al estudio con el concepto completo, los versos casi terminados, la melodía en la cabeza. Yo solo la ayudaba a pulir las estructuras. Su visión estaba clara desde el principio" (*The Tennessean*, 2008).

Tim McGraw se lanzó oficialmente el 19 de junio de 2006 como sencillo debut de su primer álbum, *Taylor Swift*. La canción alcanzó el número 6 en la lista *Billboard Hot Country Songs* y permaneció más de 30 semanas en los principales rankings. Más que un éxito comercial, fue una irrupción simbólica: una joven de mirada dulce y botas vaqueras que transformaba la sensibilidad country tradicional en un lenguaje emocional para una nueva generación.

El videoclip, dirigido por Trey Fanjoy, reforzó esa imagen. Swift aparece sola en un campo dorado al atardecer, tocando la guitarra mientras se intercalan escenas de un amor perdido. Era un retrato visual de la nostalgia adolescente, en un registro entre romántico y cinematográfico. La crítica lo recibió con curiosidad y respeto. *Rolling Stone* destacó "la madurez inusual de su composición" y *Billboard* describió el tema como "una carta abierta al pasado que logra resonar en todos los públicos".

Pero lo más significativo fue la respuesta del propio Tim McGraw. Cuando escuchó la canción por primera vez, confesó haberse sentido halagado y sorprendido. "Es una gran canción. Cuando alguien de su edad escribe algo tan bien estructurado, sabes que hay futuro ahí", declaró el artista a *CMT News* (2007). Poco después, ambos coincidieron en una gala televisiva, y el gesto de Taylor al presentarse ante él —con una reverencia respetuosa y una sonrisa nerviosa— se convirtió en una escena icónica.

Con *Tim McGraw*, Swift logró algo poco frecuente: revitalizar el género desde dentro. En un momento en que el country comenzaba a fusionarse con el pop y a perder parte de su identidad narrativa, ella recuperó la esencia del relato: la historia personal, la emoción sincera, la mirada femenina. En ese sentido, la canción representó una síntesis entre tradición y modernidad. Como escribió la periodista musical Grady Smith en *The Guardian* (2014), "Taylor Swift reinventó el country para la era del iPod, donde la nostalgia y la inmediatez se mezclan en una sola melodía".

El impacto fue inmediato entre el público adolescente. Swift conectó con jóvenes que, como ella, vivían sus primeras experiencias de amor, pérdida y deseo de independencia. Sin recurrir a rebeldías extremas ni a provocaciones visuales, construyó un modelo de autenticidad emocional. Su honestidad era su mayor estrategia. "No trataba de parecer mayor ni más sofisticada de lo que era", señalaría años después el productor Nathan Chapman. "Simplemente era real, y eso era revolucionario".

El éxito de *Tim McGraw* también redefinió el papel de la mujer en el country mainstream. Hasta entonces, la mayoría de las jóvenes cantantes eran presentadas como intérpretes de canciones escritas por hombres o por equipos de producción. Swift irrumpió como autora y narradora de su propia historia, abriendo una nueva vía para las mujeres compositoras. Como subrayó la crítica Ann Powers, "Taylor Swift no se limitó a cantar sobre el amor: enseñó a una generación de chicas a escribir sobre lo que sienten, con la convicción de que su experiencia merece ser escuchada" (*NPR Music*, 2020).

En retrospectiva, *Tim McGraw* fue más que una canción debut: fue el manifiesto de un estilo. En apenas tres minutos, Swift trazó el mapa de su futuro artístico: letras confesionales, melodías accesibles, narrativas que combinan lo íntimo con lo universal. Era el inicio de una estética que, con el tiempo, evolucionaría hacia obras más complejas como *Red* o *Folklore*, pero que ya contenía su esencia: la emoción convertida en relato.

La adolescente que había dejado Wyomissing para buscar su lugar en Nashville lo había encontrado. Con una guitarra, una historia y un nombre en el título de su canción, Taylor Swift se había ganado algo más que un contrato: había conquistado la atención de una generación. Y aunque aún faltaban años para que el mundo comprendiera la magnitud de su talento, el mito ya estaba en marcha.

El country-pop como territorio de conquista femenina

Cuando Taylor Swift irrumpió en la escena de Nashville a mediados de los años 2000, el country atravesaba una transformación silenciosa. Los límites del género —tradicionalmente dominado por hombres y por narrativas rurales— comenzaban a diluirse ante la influencia del pop y las nuevas dinámicas mediáticas. En ese contexto, Swift no solo emergió como una voz fresca, sino como el rostro de una revolución estética y simbólica: la conquista femenina del country-pop.

Hasta ese momento, el country había oscilado entre dos polos: el tradicionalismo nostálgico y la comercialización masiva. Artistas como Shania Twain y Faith Hill ya habían abierto una brecha en la década de 1990, fusionando sonidos pop con raíces country y demostrando que la sensibilidad femenina podía alcanzar las listas generales sin renunciar a la autenticidad. Taylor Swift heredó esa senda, pero le dio una dimensión generacional. En ella, la fusión no era solo musical, sino identitaria: representaba a una nueva juventud femenina que crecía en la era digital, consciente de su poder y de su vulnerabilidad.

El country-pop se convirtió así en su espacio natural de expresión. Como señaló la crítica musical Jody Rosen en *Rolling Stone* (2014), "Swift entendió que el country no era un museo, sino un lenguaje vivo, capaz de hablarle a las chicas de los suburbios tanto como a las del campo". Su música recogía la tradición narrativa del género —los relatos de amor, pérdida y crecimiento—, pero con una estética emocional y moderna, capaz de dialogar con el pop sin perder raíz.

Desde su primer disco, Taylor encarnó una paradoja: una adolescente que respetaba las raíces del country, pero que al mismo tiempo las trascendía. Su imagen —rubia, joven, sonriente— era la del arquetipo sureño, pero sus letras hablaban desde la introspección contemporánea. En *Teardrops on My Guitar* (2007) o *Our Song* (2008), la autora convertía las inseguridades adolescentes en arte narrativo. Esa mezcla de dulzura y determinación resonó con un público que se sentía reflejado.

El éxito de Swift también transformó la manera en que las mujeres jóvenes eran percibidas dentro de la industria. Durante décadas, el country había estado marcado por voces femeninas potentes —Dolly Parton, Patsy Cline, Reba McEntire—, pero pocas habían tenido el control autoral que Taylor se arrogó desde el inicio. Escribía o coescribía cada una de sus canciones, algo inusual en artistas adolescentes. En sus letras, las chicas ya no eran musas ni víctimas, sino protagonistas. "Swift convirtió el relato del amor en una herramienta de autoconocimiento y de afirmación de la identidad femenina", observó la profesora Emily Yahr, del *Washington Post* (2015).

Esa autoría no era solo una elección artística: era una declaración política. En un género históricamente masculino, donde la autenticidad se asociaba con la experiencia viril, Taylor reivindicó la emoción femenina como una forma legítima de verdad. Lo personal se convirtió en su estrategia estética, pero también en un manifiesto de poder narrativo. En ese sentido, su obra temprana anticipó el auge del discurso de empoderamiento que dominaría el pop global una década después.

El country-pop, como híbrido sonoro, fue el terreno que le permitió ensanchar los límites del género y construir un puente hacia el público internacional. Canciones como *Love Story* (2008) o *You Belong With Me* (2009) —que marcarían la transición hacia su segundo disco, *Fearless*— consolidaron esa fusión entre melodía pop, instrumentación country y narrativas juveniles. El resultado fue un sonido accesible, pero con profundidad emocional, capaz de conectar tanto con adolescentes estadounidenses como con oyentes de todo el mundo.

Al mismo tiempo, Swift desafiaba los estereotipos que habían relegado a las mujeres del country a papeles secundarios. Su imagen pública no dependía del escándalo ni del artificio, sino de la coherencia entre su vida y su música. Esa autenticidad fue su mejor estrategia de marketing. Como señaló *The New York Times* en 2009, "Taylor

Swift ha construido un imperio sobre algo tan simple como la sinceridad".

Nashville, que durante décadas había sido una fortaleza de productores y compositores masculinos, debió adaptarse al nuevo paradigma que ella representaba. Las adolescentes ya no eran solo consumidoras del country-pop; eran su fuerza creadora. Swift abría camino para una generación de jóvenes artistas —Kacey Musgraves, Maren Morris, Kelsea Ballerini— que encontrarían en su ejemplo la legitimación de una voz propia.

Con su mezcla de vulnerabilidad y control, de dulzura y determinación, Taylor Swift convirtió el country-pop en un territorio conquistado por la mirada femenina. Allí, donde antes se contaban historias sobre mujeres, ella comenzó a contarlas *desde* las mujeres. Su llegada a Nashville no solo transformó su destino personal, sino también el de un género que aprendió a renovarse desde la sensibilidad.

Al cerrar esta etapa, puede afirmarse que el country fue su cuna, pero el country-pop fue su revolución. Desde ese punto de partida, Taylor Swift estaba lista para su siguiente metamorfosis: convertirse, con *Fearless*, en la voz que uniría el corazón rural de América con la sensibilidad global de una generación.

CAPÍTULO 3.

FEARLESS: JUVENTUD, FAMA
Y PRIMEROS PREMIOS

El salto al estrellato y los primeros Grammy

En noviembre de 2008, Taylor Swift lanzó *Fearless*, su segundo álbum de estudio. Tenía dieciocho años y ya era considerada una de las promesas más sólidas del country contemporáneo. Pero nadie —ni siquiera ella— podía anticipar la magnitud del fenómeno que estaba a punto de desatar. *Fearless* no solo consolidó su posición dentro del género; la catapultó al estrellato global y redefinió los límites del country-pop. Fue, en palabras de *The New York Times*, "el punto de inflexión en que una artista prometedora se convirtió en la voz central de su generación" (Caramanica, 2009).

El álbum representó una maduración artística sin perder la frescura adolescente que había caracterizado su debut. En lugar de repetir fórmulas, Swift amplió su paleta musical y narrativa. Seguía escribiendo sobre el amor, el desencanto y la identidad, pero con una perspectiva más introspectiva y cinematográfica. Canciones como *Love Story*, *White Horse* o *Fifteen* combinaban la sencillez melódica del country con estructuras pop impecables y letras que exploraban la vulnerabilidad sin caer en el sentimentalismo. "Quería escribir sobre cómo se siente ser joven y tener miedo, pero también sobre cómo se aprende a ser valiente", explicó Swift en una entrevista con *CMT News* (2008).

El título *Fearless* (Sin miedo) fue más que un nombre: se convirtió en una declaración generacional. En el libreto del disco, Swift escribió: "Ser fearless no significa no tener miedo; significa tener muchos miedos y seguir adelante de todos modos". Esa frase condensaba la filosofía emocional de su música: una mezcla de fragilidad y coraje, de romanticismo y autoconciencia. El álbum ofrecía un retrato honesto de la adolescencia femenina como etapa de aprendizaje y resiliencia, y conectó profundamente con el público juvenil en todo el mundo.

El impacto comercial fue inmediato. *Fearless* debutó en el número uno del *Billboard 200* y se mantuvo en esa posición durante once semanas, un récord que ningún álbum country había alcanzado desde Shania Twain. En menos de un año, vendió más de seis millones de copias solo en Estados Unidos y convirtió a Swift en la artista más joven en la historia en ganar el premio al Álbum del Año en los Grammy. La crítica coincidió en que *Fearless* marcaba un nuevo paradigma en la música popular. *Rolling Stone* lo definió como "una obra que equilibra la sinceridad del country con la perfección melódica del pop" (2008), mientras que *The Guardian* destacó su capacidad para "capturar la emoción pura de la juventud sin caer en la ingenuidad".

El éxito de *Love Story*, su sencillo principal, fue decisivo. Inspirada en *Romeo y Julieta*, la canción reescribía la tragedia shakesperiana en clave de final feliz, donde la heroína ya no moría por amor, sino que lo elegía libremente. La melodía, de aire épico y tono luminoso, sintetizaba la nueva dirección de su carrera: una artista country que pensaba como narradora pop. El tema encabezó las listas de 15 países y su videoclip se convirtió en un fenómeno cultural. Según *MTV News* (2009), "Taylor Swift transformó un mito literario en un himno adolescente".

Sin embargo, el verdadero logro de *Fearless* no fue solo comercial, sino simbólico. Por primera vez, una joven compositora asumía el control creativo absoluto de un proyecto que unía autenticidad y éxito masivo. Swift coescribió trece de las catorce canciones y participó en la producción. En una industria donde la voz femenina solía ser mediada por productores, su autoría representaba un acto de poder. Como subrayó Ann Powers, "Taylor Swift se convirtió en la primera mujer del country que escribió su propio camino hacia el pop mundial" (*NPR Music*, 2010).

El reconocimiento culminó en la ceremonia de los Grammy de 2010. Aquella noche, Swift —con apenas veinte años— ganó cuatro premios: Álbum del Año, Mejor Álbum Country, Mejor

Canción Country (*White Horse*) y Mejor Interpretación Vocal Femenina. Al subir al escenario, visiblemente emocionada, pronunció una frase que quedaría grabada en la memoria de sus seguidores: "Esto es para las chicas que escriben en su habitación y sueñan con estar aquí algún día. No dejen de escribir".

Esa noche no fue solo un triunfo personal; fue una consagración cultural. Taylor Swift había logrado que una generación de jóvenes —en especial mujeres— se sintiera representada en la gran narrativa de la música popular. Había tomado el lenguaje del country, lo había traducido al idioma de los sentimientos contemporáneos y lo había llevado al centro de la cultura global.

Pero la conquista del éxito no vino sin precio. A partir de *Fearless*, la vida privada de Swift comenzó a convertirse en materia de escrutinio público. Cada relación sentimental, cada gesto o discurso era analizado por los medios. La artista se enfrentaba, por primera vez, a la tensión entre la autenticidad y la exposición. En palabras de la propia Swift, "cuando tu historia se hace pública, debes decidir qué parte sigue siendo tuya" (*Vanity Fair*, 2012). Esa reflexión marcaría el tono de los años siguientes, en los que su música se transformaría en una herramienta de afirmación y defensa frente al juicio mediático.

Con *Fearless*, Taylor Swift dejó de ser una promesa del country para convertirse en un fenómeno cultural. Ganó premios, récords y reconocimiento, pero sobre todo, ganó un lugar simbólico: el de portavoz de una generación que aprendía a ser valiente en un mundo que no siempre la tomaba en serio. Como escribió *The Washington Post* en 2010, "Taylor Swift no solo canta sobre el amor; canta sobre la dignidad de sentir". Y en esa dignidad —en esa valentía para transformar la emoción en arte— comenzó la era de su conquista.

La estética de la inocencia y el relato de la chica común

Una parte esencial del éxito de *Fearless* no residía solo en su calidad musical, sino en la imagen cuidadosamente construida —y a la vez genuinamente sentida— de su protagonista. Taylor Swift se presentó ante el mundo como la "chica común" en una industria dominada por los excesos, las divas provocadoras y la sexualización de la juventud. Su estética se basaba en la naturalidad, la honestidad emocional y una forma de inocencia que, lejos de ser ingenua, se convirtió en un poderoso dispositivo narrativo y de conexión con el público.

A finales de los años 2000, la música pop femenina atravesaba un proceso de redefinición. Mientras artistas como Britney Spears, Christina Aguilera o Rihanna exploraban la sensualidad y la independencia en clave explícita, Swift representaba una alternativa: la del romanticismo adolescente, la introspección y la vulnerabilidad expresada sin cinismo. Su imagen —vestidos vaporosos, cabello rizado, botas de cuero, miradas tímidas pero decididas— evocaba un ideal de juventud auténtica, más literario que mediático. Era, como definió *Time* (2009), "una heroína de los diarios íntimos, no de las portadas escandalosas".

La clave estaba en la coherencia entre la estética y la narrativa. Cada canción de *Fearless* funcionaba como una página del diario de una joven que crecía ante los ojos del mundo. No había artificio: lo que parecía confesión, lo era. En *Fifteen*, por ejemplo, Swift retrataba con ternura y crudeza la experiencia del primer año de secundaria, los sueños, las decepciones y la búsqueda de identidad. "A los quince crees que lo sabes todo", canta, "pero luego aprendes que perder puede ser una forma de encontrarte". Esa mirada retrospectiva sobre la adolescencia conectó especialmente con las jóvenes oyentes que se veían reflejadas en sus historias.

La inocencia que proyectaba Swift no era una máscara, sino una forma de resistencia cultural. En un sistema que solía exigir a las artistas jóvenes que crecieran demasiado rápido, ella defendió el derecho a la lentitud emocional. "No veo nada malo en escribir sobre lo que realmente vivo, aunque sea simple o ingenuo", explicó en una entrevista con *The New Yorker* (2010). "Eso también es verdad, y la verdad tiene poder". Su aparente simplicidad era, en realidad, una sofisticada estrategia de autenticidad: hablaba desde la experiencia común, pero con una destreza narrativa que transformaba lo cotidiano en universal.

El relato de la chica común se convirtió así en una construcción simbólica de enorme impacto. Swift representaba la posibilidad de ser extraordinaria sin dejar de ser ordinaria, de triunfar sin renunciar a la vulnerabilidad. En un ensayo publicado por la socióloga Margo Jefferson, se analizó este fenómeno como "la democratización de la identidad femenina en el pop": una figura que encarna la emoción compartida y ofrece un modelo de empoderamiento basado en la sensibilidad, no en la dominación.

Visualmente, la era *Fearless* consolidó esa identidad a través de una estética coherente: vestidos blancos o dorados, tonos cálidos, paisajes rurales y luces suaves. Las fotografías promocionales, las portadas y los videoclips proyectaban una atmósfera de cuento moderno, donde la protagonista era una joven que soñaba y se equivocaba, pero siempre aprendía. Era una estética de la esperanza, construida sobre la fragilidad. En palabras de la crítica de *Rolling Stone* Rob Sheffield, "Taylor Swift convirtió la vulnerabilidad en una marca registrada; su fuerza era precisamente atreverse a parecer real" (2010).

Esta representación también tuvo una dimensión cultural más amplia. En plena transición hacia la era de las redes sociales, Swift ofreció una versión íntima y positiva de la juventud femenina, contraria a la imagen hipercontrolada de otras estrellas del pop. Mientras muchas figuras buscaban reinventarse a través de la provocación, ella lo hacía mediante la honestidad. Su autenticidad, amplificada por plataformas como MySpace y YouTube, permitió que los fans se sintieran parte de su historia. "No era solo una cantante que admiraban; era una amiga que los entendía", explicó la periodista Melinda Newman en *Billboard* (2011).

En el contexto sociocultural de la época, esta "estética de la inocencia" actuó como un espejo emocional para una generación que buscaba autenticidad en un mundo cada vez más artificial. Swift encarnó el valor de la emoción sin filtros, del crecimiento visible, de la humanidad imperfecta. No se presentaba como una figura inalcanzable, sino como una joven que experimentaba las mismas dudas, decepciones y anhelos que su público.

Su éxito global demostró que la vulnerabilidad podía ser una forma de poder. Al reivindicar la emoción como fuente de legitimidad, Taylor Swift transformó la sensibilidad en una fuerza cultural. Como señaló la profesora de estudios culturales Mary Celeste Kearney en su análisis sobre la música pop contemporánea, "Swift ofrece un modelo de feminidad que combina vulnerabilidad con agencia, romanticismo con autoconciencia, emoción con control creativo. En ese equilibrio radica su revolución silenciosa" (*Feminist Media Studies*, 2012).

La "chica común" de *Fearless* era, en realidad, una narradora excepcional que había descubierto cómo convertir su propia vida en relato colectivo. Su inocencia no era debilidad, sino una forma de arte y una estrategia de resistencia frente al cinismo cultural. Así, Taylor Swift construyó el arquetipo de una nueva heroína pop: sensible, reflexiva, imperfecta y, precisamente por eso, universal.

La narrativa romántica como espejo de una generación

Desde sus primeras canciones, Taylor Swift comprendió algo que muchos artistas tardan años en descubrir: que la emoción puede ser un lenguaje universal si se narra con honestidad. En *Fearless*, esa intuición se convirtió en un método. Las historias de amor, desamor, ilusión y pérdida que recorren el álbum no son simples anécdotas sentimentales; son construcciones narrativas que reflejan las tensiones y aspiraciones de toda una generación.

En el universo Swiftiano, el amor no aparece como ideal abstracto ni como destino trágico, sino como un proceso de aprendizaje. Cada canción es un microrelato que contiene una lección sobre la vulnerabilidad y la búsqueda de identidad. "He aprendido más sobre quién soy a través de las relaciones que a través de cualquier otra cosa", declaró la cantante en una entrevista con *Rolling Stone* (2009). Esa confesión resume la lógica de su poética: amar es conocerse, perder es comprender.

El romanticismo de *Fearless* se inscribe en una tradición cultural que dialoga con la literatura juvenil y el cine adolescente de principios del siglo XXI, pero lo trasciende. Swift retoma el lenguaje del cuento clásico —castillos, promesas, finales felices— y lo combina con una mirada contemporánea sobre la autonomía femenina. En *Love Story*, por ejemplo, la protagonista desafía a su familia, no para ser salvada, sino para decidir por sí misma. "Romeo, sálvame, he estado sintiendo tanto", canta, pero en el clímax de la canción es ella quien acepta o rechaza el amor, invirtiendo los roles tradicionales. La crítica Ann Powers lo describió como "una reescritura del mito romántico desde la voz de una joven que reclama su derecho a narrarse" (*NPR Music*, 2009).

Esa reinterpretación del amor juvenil como espacio de autodefinición marcó una ruptura con la cultura pop dominante de la época. Frente al cinismo del posmodernismo o el hedonismo de las letras urbanas, Swift ofrecía una visión emotiva pero introspectiva del vínculo amoroso. No celebraba el amor como triunfo ni lo temía como tragedia, sino que lo entendía como parte de la construcción de la identidad. En *White Horse*, la protagonista asume la decepción sin victimismo:

"No soy una princesa, esto no es un cuento de hadas". La frase, simple pero devastadora, resume el tránsito del idealismo adolescente hacia la conciencia adulta.

El público joven, especialmente las mujeres, reconoció en esas canciones un espejo emocional. Swift hablaba desde un lugar que parecía propio: la habitación donde se escriben los diarios íntimos, los pasillos de una escuela, el silencio posterior a una ruptura. En ese sentido, su narrativa sentimental funcionó como un arte de la empatía. "Cuando escuchas a Taylor, sientes que alguien finalmente ha puesto en palabras lo que tú no sabías cómo decir", afirmaba una fan en un reportaje de *The Guardian* (2010). Esa identificación colectiva fue la clave del fenómeno Swift: más que una cantante, se convirtió en una cronista de la adolescencia moderna.

Desde un punto de vista literario, la narrativa romántica de Swift puede entenderse como una actualización del Bildungsroman —el relato de formación— trasladado al terreno emocional. Cada historia amorosa, cada desencuentro o traición, funciona como un episodio dentro del proceso de crecimiento de una protagonista en permanente evolución. Su obra, en este sentido, se asemeja a un diario en verso, donde la madurez se alcanza a través del amor, pero también del desengaño. Como apuntó el crítico Jon Caramanica, "Swift ha convertido su biografía sentimental en la novela generacional de los millennials" (*The New York Times*, 2014).

El modo en que Swift utiliza el amor como vehículo narrativo no busca el melodrama, sino la autenticidad. A diferencia de las divas del pop que delegan la escritura de sus canciones, ella narra su propia experiencia. Esa autoría otorga legitimidad emocional a su discurso: las emociones no son interpretadas, sino vividas. "Cuando una canción sale de algo que realmente me pasó, la conexión con el público es inmediata", dijo en una entrevista con *CMT News* (2008). Por eso, su narrativa no depende de la espectacularidad, sino de la precisión emocional: un gesto, una palabra, un silencio pueden bastar para construir una escena.

Esa poética de la intimidad, articulada a través de melodías accesibles, convirtió su música en un espacio de reconocimiento colectivo. En una época marcada por la inmediatez digital y la superficialidad mediática, Swift devolvió profundidad a la emoción juvenil. Lo que para algunos críticos era "romanticismo naïf" se reveló como una sofisticada forma de resistencia cultural: reivindicar el derecho a sentir en una sociedad que ridiculiza la sensibilidad.

En el plano sociológico, su narrativa también sirvió para redefinir la representación de las mujeres jóvenes en la cultura pop. Ya no eran musas pasivas ni iconos hipersexualizados, sino sujetos que narraban su propio deseo, su dolor y su crecimiento. "Taylor Swift puso en el centro del discurso musical la interioridad femenina, con todas sus contradicciones", observó la investigadora Kate Harding (*Pop Feminism Review*, 2013). Esa interioridad, antes relegada a los márgenes del arte popular, se convirtió en el núcleo de un movimiento de identificación global.

Así, el amor en las canciones de *Fearless* es mucho más que un tema recurrente: es un lenguaje de autodescubrimiento y de comunión emocional. Taylor Swift no canta *sobre* una generación; canta *desde dentro* de ella. Y en ese gesto reside su poder cultural. Su romanticismo, lejos de ser escapista, refleja el pulso de una juventud que, en medio del ruido digital, sigue buscando autenticidad, conexión y sentido.

Porque, como escribió la propia artista en su diario de 2008, "quizás no tengamos todas las respuestas, pero si seguimos escribiendo nuestras historias, al menos sabremos quiénes somos".

Kanye West y la noche del VMA: el trauma mediático

El 13 de septiembre de 2009, en el Radio City Music Hall de Nueva York, Taylor Swift subió al escenario para recibir su primer premio MTV Video Music Award. Tenía diecinueve años y acababa de ganar el galardón a *Mejor Video Femenino* por *You Belong With Me*, imponiéndose a artistas consagradas como Beyoncé, Lady Gaga y Pink. Era un momento de consagración pública, el reconocimiento de que una joven procedente del country había conquistado el corazón del pop global. Sin embargo, en cuestión de segundos, aquella escena de celebración se transformó en uno de los episodios más humillantes y recordados de la cultura mediática contemporánea.

Mientras Swift comenzaba su discurso de agradecimiento, Kanye West —entonces en la cima de su popularidad— subió al escenario, le arrebató el micrófono y pronunció una frase que se volvería icónica: "Yo dejaré que termines, pero Beyoncé tenía uno de los mejores videos de todos los tiempos". La audiencia quedó en silencio. La cámara captó el rostro atónito de Swift, inmóvil, sosteniendo el trofeo como si no comprendiera del todo lo que acababa de ocurrir.

Ese instante, repetido millones de veces en televisión y redes, condensó un choque generacional, cultural y simbólico. No fue solo una interrupción: fue la irrupción de una dinámica de poder, una colisión entre dos paradigmas de la fama. Por un lado, Kanye West, exponente de un hip hop narcisista y performativo, acostumbrado a desafiar las normas del espectáculo. Por otro, Taylor Swift, la narradora adolescente que representaba la inocencia, la autenticidad y el triunfo del mérito personal. La escena fue interpretada, con razón, como una metáfora del enfrentamiento entre la arrogancia del poder mediático y la vulnerabilidad de la juventud.

La reacción inmediata fue de indignación generalizada. West fue abucheado y expulsado de la ceremonia, mientras Beyoncé, en un gesto elegante, cedió parte de su propio momento —al ganar el premio al *Video del Año*— para que Swift pudiera terminar su discurso. "Recuerdo que estaba temblando", confesó Taylor en una entrevista con *ABC News* (2010). "Tenía diecinueve años y no sabía si debía seguir hablando o simplemente desaparecer".

La agresión simbólica se amplificó en los días siguientes por la cobertura mediática. Los titulares oscilaron entre la condena y la burla, convirtiendo el episodio en un espectáculo global. Kanye West pidió disculpas públicamente en *The Jay Leno Show*, pero el daño ya estaba hecho. Swift se convirtió, involuntariamente, en el rostro del agravio mediático y en el centro de un debate sobre género, poder y celebridad.

Desde un punto de vista sociológico, aquel incidente tuvo un efecto paradójico. Si bien representó una humillación pública, también marcó el inicio de la construcción del mito de Taylor Swift como figura resiliente. La artista no respondió con escándalos ni declaraciones incendiarias, sino con silencio y trabajo. En lugar de victimizarse, transformó el episodio en parte de su narrativa. En su discurso de los Grammy de 2016, al recibir el premio al Álbum del Año por *1989*, lanzó una frase que resonó como respuesta tardía al episodio de 2009: "Habrá personas que intenten quitarte el mérito de tus logros o apropiarse de tu fama, pero si te concentras en tu trabajo y sigues haciendo lo que amas, eso será tu mejor venganza".

El llamado "momento VMA" trascendió la anécdota para convertirse en un fenómeno cultural. Representó el nacimiento de un nuevo tipo de estrella pop: una mujer joven que, en lugar de reproducir los códigos del escándalo o la confrontación, respondía con creatividad y dignidad. En ese gesto, Swift consolidó su imagen como símbolo de autocontrol y perseverancia en una era mediática dominada por la exposición y la polémica.

Diversos analistas culturales han interpretado el incidente como una escena de poder simbólico en clave de género. La profesora bell hooks lo describió como "un acto de interrupción patriarcal en su forma más pura: la invalidación pública de una mujer joven en el momento de su éxito" (*Cultural Critique*, 2011). Otros críticos, como Chuck Klosterman, lo leyeron como "la primera gran controversia viral del siglo XXI", un punto de inflexión en la relación entre las celebridades y la cultura digital.

En el imaginario colectivo, aquel momento definió la transición de Taylor Swift de estrella adolescente a figura pública con peso cultural. Su respuesta mesurada, su capacidad para convertir la vulnerabilidad en fuerza narrativa y su posterior ascenso consolidaron una lección fundamental sobre la exposición mediática: en el espectáculo de la humillación, la verdadera victoria pertenece a quien conserva la coherencia.

El incidente también cambió la relación de Swift con la prensa. Desde entonces, aprendió a gestionar su imagen con precisión milimétrica, consciente de que cada gesto sería interpretado y multiplicado. Ese aprendizaje daría lugar a una nueva fase en su carrera, donde la artista exploraría la autorrepresentación como herramienta de poder —un tema que más adelante cristalizaría en *Reputation* (2017).

Lo que ocurrió aquella noche en Nueva York fue, en apariencia, un episodio trivial de televisión en vivo. Pero en su trasfondo se revelaban las tensiones estructurales del siglo XXI: el conflicto entre fama y respeto, entre género y poder, entre espontaneidad y espectáculo. Swift emergió de ese trauma mediático más consciente de su fragilidad, pero también de su fuerza simbólica.

Como escribió la crítica Lindsay Zoladz en *The Ringer* (2019), "aquella interrupción convirtió a Taylor Swift en algo más que una cantante. La transformó en un símbolo de la mujer que, incluso cuando le arrebatan la voz, encuentra la manera de recuperarla en su propio tiempo y con su propia música".

Y, efectivamente, eso hizo. Con *Fearless*, Taylor Swift había conquistado la fama. Con el episodio del VMA, aprendió lo que esa fama significaba. A partir de entonces, cada canción suya llevaría, implícitamente, una pregunta: ¿qué cuesta ser escuchada cuando el mundo no quiere que hables?

CAPÍTULO 4.

Speak Now: INDEPENDENCIA CREATIVA Y CONTROL ARTÍSTICO

Swift como autora total: escribir sin coautores

E n 2010, con apenas veinte años, Taylor Swift publicó *Speak Now*, su tercer álbum de estudio, y con él dio un paso decisivo en su evolución artística: escribió por completo las catorce canciones del disco sin ayuda de coautores. En una industria donde la colaboración es norma y la autoría femenina suele ser diluida o compartida, aquella decisión fue un acto de afirmación y, en cierto modo, de rebelión. *Speak Now* no fue solo un título; fue una declaración. Significaba, literalmente, "habla ahora", y Swift lo hizo —con plena conciencia de su voz, su historia y su poder creativo.

Hasta ese momento, la artista había coescrito gran parte de su repertorio con compositores experimentados, como Liz Rose, quien la había acompañado en *Taylor Swift* (2006) y *Fearless* (2008). Pero tras el éxito arrollador de estos discos y los múltiples premios —incluido el Grammy al Álbum del Año—, Swift sintió la necesidad de demostrar que su talento no dependía de nadie más. En una entrevista con *USA Today* (2010), explicó: "Quería probarme que podía escribir un disco completo por mi cuenta. Quería que cada palabra proviniera de mi experiencia, sin filtros ni traducciones".

El resultado fue un álbum profundamente personal, introspectivo y narrativamente coherente. En él, Swift abordó temas como la autodefensa, la madurez emocional, la reconciliación y la memoria. Cada canción era un fragmento de su biografía, pero también una reflexión sobre la exposición mediática que había aprendido a soportar tras el episodio de los MTV VMA de 2009. *Speak Now* es, en muchos sentidos, su respuesta artística al ruido del mundo exterior.

El disco se abre con *Mine*, una canción sobre el miedo al compromiso y la posibilidad de romper los ciclos familiares. Sigue con *Back to December*, una disculpa pública dirigida a su expareja, el actor Taylor Lautner. En *Dear John*, enfrenta abiertamente la relación con el músico John Mayer y su desequilibrio emocional, escribiendo versos que, como señaló *The Guardian* (2010), "tienen la precisión de una carta abierta y la fuerza de una confesión literaria". Swift escribió: "No pienso volver a caer / en un amor que me deja en ruinas", una frase que muchos críticos compararon con la claridad emocional de Joni Mitchell o Carole King.

El proceso creativo fue solitario, disciplinado y catártico. La artista trabajó durante más de un año escribiendo en giras, hoteles y habitaciones de hotel. En declaraciones a *CMT Insider* (2011), contó: "Llevaba un cuaderno a todas partes. A veces una conversación, una frase o una mirada bastaban para disparar una canción. Era como si mi vida necesitara ser narrada para poder comprenderla". Esa necesidad de traducir la experiencia en relato consolidó a Swift no solo como intérprete, sino como escritora.

Su decisión de no aceptar coautores fue vista como un gesto audaz. En una época en que la producción musical se basaba en equipos de compositores, ella optó por la soledad creativa. La crítica Ann Powers señaló: "Taylor Swift escribió *Speak Now* en un momento en que el pop femenino estaba dominado por laboratorios de hits. Su independencia fue una reivindicación del oficio del cantautor en el siglo XXI" (*NPR Music*, 2011). En efecto, el álbum combina la narrativa íntima de la tradición folk con la sofisticación melódica del pop contemporáneo, un equilibrio que solo puede surgir de la unidad entre letra y voz.

El éxito de *Speak Now* confirmó la validez de su apuesta. Debutó en el número uno del *Billboard 200* y vendió más de un millón de copias en su primera semana, algo inusual para una artista joven y sin un sencillo previo de gran impacto mediático. La crítica elogió su autenticidad. *Rolling Stone* escribió que "cada verso parece un fragmento arrancado de su diario, pero con la precisión de una novelista". Y *The New York Times* destacó que "Taylor Swift ha conseguido lo que parecía imposible: unir la sinceridad adolescente con la artesanía adulta".

En el fondo, *Speak Now* fue un manifiesto sobre la voz. Una artista que había sido interrumpida públicamente un año antes —cuando Kanye West le arrebató el micrófono en los VMA— regresaba con un disco que se titulaba justamente *Habla ahora*. No era casualidad: el álbum se lee como una respuesta simbólica a la cultura que había intentado silenciarla. En lugar de enfrentarse con polémicas, Swift transformó su experiencia en narrativa. Hablar, para ella, era crear; y escribir, una forma de resistir.

La estructura misma del álbum refuerza esa idea de autoría total. Cada canción funciona como un capítulo dentro de una historia mayor: una joven que se apropia de su voz, no solo para cantar sobre el amor, sino para afirmar su independencia emocional y artística. En *Long Live*, la última pista, se despide de su juventud y celebra el poder colectivo de su público con un tono casi épico: "Prometí que te recordaría, y lo haré". Es una carta de gratitud, pero también de emancipación: una declaración de que su historia ya le pertenece solo a ella.

El gesto de escribir sin coautores redefinió su relación con la industria y con la crítica. A partir de entonces, ya no fue vista solo como una intérprete talentosa, sino como una autora con control narrativo y visión estética. "Taylor Swift no escribe canciones; escribe mundos", afirmaría años después el crítico Rob Sheffield (*Rolling Stone*, 2014). Con *Speak Now*, su nombre se inscribió en la genealogía de las grandes autoras de la música popular, desde Joni Mitchell hasta Tori Amos.

En retrospectiva, *Speak Now* fue el álbum donde Swift dejó de ser "la chica que cantaba sobre sus exnovios" para convertirse en una arquitecta de su propio mito. En él, cada palabra es una afirmación de autonomía, y cada melodía, un acto de resistencia. Al escribir sola, Taylor Swift no solo conquistó la independencia creativa: demostró que la emoción, cuando se expresa con verdad, no necesita intermediarios.

Canciones como catarsis y mensaje

En *Speak Now*, Taylor Swift llevó a su máxima expresión una de las constantes de su obra: la canción como forma de catarsis. Cada composición se erige no solo como relato autobiográfico, sino como un espacio de reparación emocional. En un momento en que su vida era objeto de escrutinio público —sus relaciones, sus amistades, sus apariciones—, Swift eligió la escritura como su manera de procesar y responder al mundo. En lugar de confrontar los rumores o dar explicaciones en entrevistas, lo hacía mediante canciones cuidadosamente elaboradas, donde el dolor, la rabia y la nostalgia se convertían en materia estética.

"Las canciones son cartas que nunca envié", afirmó la artista en una entrevista con *The New*

Yorker (2011). En esa frase se resume su método creativo: convertir lo que no puede decirse en discurso poético. La catarsis en Swift no es un desahogo espontáneo, sino una práctica artística rigurosa. Cada emoción pasa por el filtro de la forma, la metáfora y el ritmo. La autenticidad, en su caso, no consiste en narrar literalmente, sino en transformar lo vivido en un lenguaje que otros puedan reconocer como propio.

El ejemplo más paradigmático es *Dear John*, una de las composiciones más intensas del disco. Con una estructura cercana a la balada confesional y más de seis minutos de duración, la canción se presenta como una carta abierta dirigida a un amor desigual. "Querido John, me pregunto si sabes que me estoy quedando sin voz al intentar gritar sobre todo lo que pasamos". La crítica la interpretó como un mensaje directo al músico John Mayer, con quien Swift mantuvo una relación breve y tormentosa. Mayer respondió meses después, declarando que se sintió "humillado" por la canción (*Rolling Stone*, 2012). Pero Swift nunca confirmó ni negó la alusión: lo personal se había transformado en símbolo.

Otro ejemplo es *Back to December*, donde la artista invierte el papel habitual del reproche para asumir la culpa. "Vuelvo a diciembre todo el tiempo", canta, pidiendo perdón por una ruptura que ella misma provocó. Es un gesto poco común en la música pop, donde la narrativa femenina suele situarse en el lugar de la herida, no del arrepentimiento. Con esta canción, Swift muestra una madurez emocional que desarma los estereotipos de género asociados al desamor. "El valor de *Back to December* está en su vulnerabilidad: Taylor escribe desde la autocrítica, no desde la revancha", observó la periodista Jody Rosen (*New York Magazine*, 2011).

Pero la catarsis en *Speak Now* no se limita a lo sentimental. También se proyecta hacia la afirmación personal y la respuesta simbólica a la crítica. *Mean*, por ejemplo, es una declaración contra el acoso mediático y la desvalorización del talento femenino. "¿Por qué eres tan mezquino? / Podrías escribir un libro con todo lo que dices sobre mí", canta Swift con tono burlón y desafiante. En entrevistas posteriores, reconoció que la canción fue inspirada por un periodista que había ridiculizado sus actuaciones en vivo. Sin embargo, el mensaje trasciende lo anecdótico: se trata de una reivindicación del derecho a fallar, a aprender y a ser escuchada sin miedo.

En *Mean*, Swift formula una ética del esfuerzo que se volverá central en su carrera. No se presenta como una víctima, sino como alguien en proceso de crecimiento. El estribillo —"Algún día viviré en una gran ciudad / y todo lo que serás es mezquino"— se ha convertido en uno de los versos más citados de su repertorio, un himno de superación adoptado por jóvenes que enfrentan el bullying o la crítica injusta. En 2012, la canción fue utilizada en campañas educativas en Estados Unidos contra el acoso escolar, un ejemplo del modo en que su música traspasa los límites del entretenimiento para transformarse en mensaje social.

El álbum también contiene gestos de reconciliación y de mirada compasiva hacia el pasado. En *Never Grow Up*, Swift canta sobre la inocencia perdida con una melancolía que roza la meditación filosófica: "No crezcas nunca / No pierdas la inocencia que ahora te salva". Es un recordatorio a sí misma y a su público de lo efímero del tiempo, un tema que reaparecerá años más tarde en *Seven* y *You're On Your Own, Kid*. La crítica musical Maura Johnston observó que "Swift logra hacer del paso del tiempo una experiencia emocional compartida, un rito de tránsito narrado desde la ternura" (*The Village Voice*, 2011).

En conjunto, *Speak Now* representa el momento en que Taylor Swift aprende a transformar sus heridas en discursos universales. La catarsis deja de ser puramente individual para volverse comunicativa: al compartir su dolor, lo convierte en experiencia colectiva. Esa capacidad para traducir lo íntimo en lenguaje público explica en gran parte su influencia cultural. En una época donde la exposición emocional suele confundirse con debilidad, Swift redefine la vulnerabilidad como forma de poder.

Desde un punto de vista estético, el álbum también supuso una evolución en su manejo de la narración. Las canciones no solo relatan hechos, sino que construyen atmósferas, personajes y puntos de vista. En *Enchanted*, por ejemplo, el enamoramiento se describe como una experiencia mística: "Estaba encantada de conocerte". El uso deliberado de la segunda persona crea una sensación de diálogo entre artista y oyente, una técnica que se repetirá en *Folklore* y *Evermore* años después.

"Cuando escribo, no pienso en el público, pienso en la persona a la que me dirijo", declaró Swift en una entrevista con *Billboard* (2010). Esa afirmación revela el corazón de su arte: la canción como carta, como conversación suspendida en el tiempo. En cada tema de *Speak Now*, el yo lírico oscila entre el pasado y el presente, entre el deseo de cerrar una herida y la necesidad de revivirla para comprenderla. Esa tensión entre olvido y memoria es, precisamente, lo que da densidad a su obra.

En *Speak Now*, Taylor Swift demostró que la honestidad emocional puede ser una forma de resistencia cultural. En un panorama dominado por la ironía y el artificio, ella eligió la transparencia y el relato. Y lo hizo sin perder la elegancia narrativa ni la complejidad simbólica. El resultado fue un álbum que no solo consolidó su posición en la industria, sino que la definió como autora capaz de convertir la experiencia humana en lenguaje. Porque, en el fondo, las canciones de *Speak Now* no son solo confesiones: son mensajes lanzados al mundo, recordatorios de que toda emoción, cuando se expresa con verdad, puede transformarse en arte.

La teatralidad de sus giras

Con *Speak Now*, Taylor Swift no solo consolidó su independencia como autora, sino también su dominio del escenario como narradora visual. La *Speak Now World Tour* (2011–2012), que recorrió más de cien ciudades en cuatro continentes, fue la primera gran demostración de su visión teatral de la música. No se trataba de una serie de conciertos, sino de una obra escénica fragmentada en capítulos, donde cada canción representaba una escena emocional, un episodio en el relato vital de la artista.

Swift comprendió que el escenario podía ser una extensión del texto. Así como sus letras narraban con precisión sentimientos íntimos, sus presentaciones transformaban esas emociones en espectáculo simbólico. La gira fue diseñada como una suerte de cuento musical: puertas que se abrían a mundos de color, vestidos de época, plataformas giratorias, lluvias de papel dorado y coreografías que alternaban la espontaneidad juvenil con una planificación casi cinematográfica. En *The New York Times*, Jon Caramanica escribió que "Taylor Swift no actúa sus canciones: las dramatiza. Cada gesto suyo parece salido de un diario íntimo convertido en teatro pop" (2011).

La teatralidad, en su caso, no era sinónimo de artificio, sino de traducción emocional. En *Back to December*, por ejemplo, Swift aparecía bajo una luz azul tenue, rodeada de copos de nieve artificial, mientras tocaba el piano. El gesto no buscaba deslumbrar, sino reforzar el sentido de la canción: la nostalgia y la fragilidad de una disculpa. En *Enchanted*, el escenario se transformaba en un bosque iluminado, con vestidos de tul y destellos púrpura que evocaban un sueño romántico. Cada recurso escénico era una metáfora visual de su universo lírico.

En una entrevista con *Billboard* (2011), la artista explicó su enfoque: "Cada concierto debe sentirse como una película donde el público ya conoce la historia, pero quiere volver a vivirla. Por eso no basta con cantar; hay que contar". Esa concepción del concierto como narrativa emocional situó a Swift en una tradición que remite a artistas como Madonna o David Bowie, pero con un lenguaje propio, más íntimo y literario. Si aquellos construían personajes para explorar identidades múltiples, Swift convertía su propio yo en una protagonista cambiante dentro de una historia de crecimiento y redención.

El componente teatral de sus giras también respondía a una estrategia más profunda: crear comunidad a través del relato compartido. Cada público participaba activamente, coreando letras, sosteniendo carteles con frases de canciones, vistiéndose como los personajes de sus videos o escribiendo mensajes personales en los brazos —un gesto inspirado en la propia Taylor, que solía presentarse con frases escritas a marcador sobre la piel—. Esa interacción escénica convertía el concierto en un ritual colectivo de reconocimiento.

Como observó la socióloga Barbara Bradby (*Journal of Popular Music Studies*, 2012), "los conciertos de Taylor Swift funcionan como ceremonias de empatía: espacios donde la emoción privada se vuelve comunión pública".

La *Speak Now Tour* también marcó un punto de inflexión técnico. Fue la primera vez que la cantante asumió el control artístico total de la puesta en escena: desde el diseño del vestuario y los videos de fondo hasta la secuencia narrativa de los actos. "Taylor revisa cada detalle: los colores, los tiempos, las luces. No hay nada dejado al azar", comentó su entonces directora de gira, Andrea Swift, en una entrevista con *Rolling Stone* (2011). Ese perfeccionismo consolidó su reputación como artista integral, capaz de unir dramaturgia, música y emoción.

El público y la crítica respondieron con entusiasmo. *The Guardian* destacó que "Swift ha logrado reinventar el concierto pop como una obra de confesión teatral, donde la sinceridad no excluye la grandeza" (2011). Y *Los Angeles Times* señaló: "Lo asombroso no es el despliegue visual, sino la manera en que Taylor logra hacer sentir que todo sigue siendo real, incluso rodeada de efectos espectaculares". Esa dualidad —espectáculo y autenticidad— se convertiría en el sello distintivo de su carrera.

La teatralidad también funcionaba como mecanismo de control narrativo. Tras años de exposición mediática y rumores sobre su vida personal, el escenario se transformó en el único espacio donde Swift podía controlar completamente su relato. Allí no había interrupciones, ni cámaras invasivas, ni declaraciones fuera de contexto. Solo música, palabra y presencia. En ese sentido, la gira *Speak Now* fue un ensayo de la autorrepresentación total que alcanzaría su punto culminante con *The Eras Tour* más de una década después.

Desde un punto de vista estético, el espectáculo combinaba elementos del musical clásico y del cuento romántico. Las referencias visuales iban desde *Cenicienta* hasta el cine adolescente contemporáneo, pero siempre con una reinterpretación moderna. Swift utilizaba los códigos del romanticismo visual no para refugiarse en la fantasía, sino para reafirmar el valor simbólico de la emoción en un mundo escéptico. "Cuando subo al escenario, quiero que la gente sienta que está dentro de mis canciones, no solo escuchándolas", explicó en una entrevista con *Entertainment Weekly* (2012).

La teatralidad de sus giras, por tanto, no fue un mero recurso visual, sino una prolongación natural de su narrativa musical. En ellas, la artista completaba el ciclo de la canción: del diario al escenario, de la emoción al símbolo. Cada actuación era una representación de sí misma en proceso de reinvención, un ejercicio de memoria y de poder.

En *Speak Now*, Taylor Swift aprendió a hablar. En la *Speak Now Tour*, aprendió a ser escuchada.

Su dominio del espacio escénico y su capacidad para traducir la intimidad en espectáculo la consolidaron como una artista total: autora, directora y protagonista de su propio mito.

Entre el amor y la autodefinición: "Mean" como manifiesto

En medio de las confesiones sentimentales, las disculpas y las crónicas del crecimiento personal que componen *Speak Now*, una canción destaca por su tono combativo, su mensaje ético y su resonancia social: *Mean*. Lejos de tratar sobre el amor o la pérdida, este tema se erige como un manifiesto contra la crueldad, la crítica injusta y el menosprecio. Swift transforma la vulnerabilidad en resistencia, y la herida en voz.

Compuesta en un momento en que la joven artista se enfrentaba a cuestionamientos sobre su talento como intérprete en directo —tras algunas actuaciones en entregas de premios donde la prensa fue implacable—, *Mean* surgió como una respuesta directa al desprecio mediático. En lugar de replicar con rabia o ironía, Swift eligió el lenguaje de la fábula y la sencillez melódica para exponer una verdad universal: el daño que produce la humillación y la posibilidad de sobreponerse a ella. "Todos tienen derecho a ser escuchados sin ser destruidos por las palabras de otro", dijo en una entrevista con *CMT News* (2011).

Desde su primera estrofa, *Mean* articula un relato de opresión y emancipación. La narradora se dirige a un crítico anónimo —símbolo del cinismo y la soberbia— y le reprocha sus palabras: "You, with your words like knives / and swords and weapons that you use against me" ("Tú, con tus palabras como cuchillos / y espadas y armas que usas contra mí"). Pero el tono no es de víctima; es de desafío. A lo largo de la canción, Swift construye un arco emocional que va del dolor a la esperanza, del miedo a la afirmación. El estribillo —"Someday I'll be living in a big old city / and all you're ever gonna be is mean" ("Algún día viviré en una gran ciudad / y tú solo serás mezquino")— funciona como una profecía de éxito, pero también como una promesa moral: el triunfo no consiste en humillar al otro, sino en seguir creciendo.

En un contexto musical dominado por la provocación o la ironía, *Mean* devolvió al pop su dimensión pedagógica. La canción tiene la estructura de un relato de superación y conecta con una tradición que va desde los *spirituals* afroamericanos hasta el folk de los años sesenta, donde la voz individual se erige como respuesta a la opresión. Con su instrumentación de banjo, mandolina y violín, Swift recupera el sonido del country clásico para dotar de fuerza moral a su mensaje. "Usó las raíces de su música para hablar de sus raíces emocionales", señaló el crítico Stephen Thomas Erlewine (*AllMusic*, 2011).

El video oficial reforzó esa lectura. Dirigido por Declan Whitebloom, muestra a diversos personajes marginados —una niña rechazada en la escuela, un joven acosado por sus compañeros, una camarera humillada— que encuentran finalmente su lugar en el mundo. Swift aparece cantando en un escenario rural, símbolo de autenticidad, mientras la narrativa visual celebra la diversidad y la perseverancia. La crítica de *Rolling Stone* describió el clip como "una parábola pop sobre la dignidad, el esfuerzo y la empatía" (2011).

Más allá del contexto personal, *Mean* adquirió un significado colectivo. Fue adoptada por movimientos contra el acoso escolar y por jóvenes que se reconocían en su mensaje. En 2012, el tema recibió el premio Grammy a *Mejor Canción Country* y *Mejor Interpretación Country Solista*, consolidando a Swift no solo como compositora, sino como voz moral de su generación. "No escribí esta canción para mí, sino para cualquiera que haya sido ridiculizado por intentar algo diferente", declaró al recibir el galardón (*Grammy Awards Speech*, 2012).

Desde el punto de vista simbólico, *Mean* representa la madurez ética de Taylor Swift. En *Speak Now*, el amor sigue siendo el hilo conductor, pero aquí el centro de la narrativa se desplaza hacia la autodefinición. La artista ya no busca validación en la mirada ajena ni refugio en la nostalgia, sino afirmación en su propio camino. "A veces la única forma de responder al desprecio es seguir creando", dijo en una entrevista con *The*

Guardian (2012). Esa convicción define toda su trayectoria posterior: la de una autora que transforma la hostilidad en arte y el rechazo en impulso creativo.

En *Mean*, Swift también establece un modelo alternativo de empoderamiento femenino. Frente a la agresividad o el exhibicionismo que dominaban parte del discurso pop, propone la serenidad y la perseverancia como formas de resistencia. No necesita imponerse, solo permanecer. La suya es una ética del trabajo y de la coherencia. Cada verso parece decir: "No me defines tú, me definen mis actos". Esa filosofía se reflejaría, años después, en su lucha por los derechos de sus grabaciones y en la regrabación de sus álbumes, gestos de independencia que tienen su origen espiritual en esta canción.

En definitiva, *Mean* no es solo un tema de desahogo: es una declaración de principios. En él confluyen las tres fuerzas que caracterizan la etapa de *Speak Now*: la afirmación del yo, la reivindicación del talento propio y la transformación del dolor en mensaje. Taylor Swift convirtió la burla en belleza, la herida en himno y la fragilidad en fortaleza.

Con *Mean*, una joven de veinte años habló por millones de personas que alguna vez se sintieron silenciadas. Y al hacerlo, pronunció —en el sentido más literal y simbólico del título del álbum— las palabras que necesitaban ser dichas. *Speak now*, hablaba ella; y el mundo, por fin, la escuchó.

CAPÍTULO 5.

RED: EL COLOR DE LAS EMOCIONES

El tránsito hacia el pop

En octubre de 2012, Taylor Swift publicó *Red*, un álbum que marcó una encrucijada decisiva en su carrera: el paso del country tradicional hacia el pop contemporáneo. Este tránsito no fue un salto abrupto, sino una evolución calculada y orgánica que reflejaba tanto su madurez artística como su comprensión del espíritu de la época. "*Red* representa mis emociones más intensas y contradictorias", dijo la artista al presentar el disco. "Cuando estás en el amor, en la pérdida o en el caos, todo se siente rojo" (*Rolling Stone*, 2012). Esa metáfora cromática, que da título al álbum, sintetiza su contenido emocional y su búsqueda sonora: un intento de traducir la complejidad afectiva en lenguaje musical accesible y universal.

Hasta ese momento, Swift había sido considerada una figura central del country-pop: una artista joven que había logrado llevar la narrativa sentimental de Nashville a las listas internacionales sin renunciar del todo a sus raíces. Sin embargo, con *Red*, rompió las fronteras del género. La introducción de sintetizadores, baterías programadas y colaboraciones con productores del ámbito pop, como Max Martin y Shellback, supuso una transformación estética profunda. Temas como *I Knew You Were Trouble* y *22* incorporaron elementos electrónicos y estructuras melódicas más propias del pop radiofónico que del country tradicional.

Para algunos críticos, aquella apertura fue un riesgo; para otros, una revelación. "Con *Red*, Taylor Swift cruzó la línea que separa el Nashville de los viejos valores y el universo global del pop digital", escribió Ann Powers (*NPR Music*, 2012). En efecto, el álbum representa un punto de inflexión histórico: la transición de una cantautora local a una arquitecta del sonido emocional del siglo XXI.

La artista justificó el cambio con claridad. En una entrevista con *Billboard* (2012), explicó: "No quiero hacer el mismo disco dos veces. *Red* es una carta abierta sobre lo que pasa cuando te rompen el corazón, pero también sobre cómo reinventarte después". Esa reinvención no solo afectó a su sonido, sino a su identidad pública. Swift abandonó progresivamente la estética campestre —los vestidos de encaje y las botas— para adoptar una imagen más urbana y sofisticada: labios rojos, flequillo recto y una elegancia minimalista que evocaba a iconos del pop clásico como Audrey Hepburn o la Madonna de los años ochenta. Su transformación visual acompañó su mutación musical, consolidando una nueva era.

El álbum se distingue por su eclecticismo. Conviven en él el pop épico de *State of Grace*, la melancolía acústica de *All Too Well* y el country nostálgico de *Begin Again*. Esa diversidad estilística refleja la pluralidad emocional que da sentido al título: *Red* no es un color uniforme, sino una gama de matices —pasión, ira, deseo, pérdida, euforia—. "Quería que el disco sonara como un diario de emociones contradictorias", explicó Swift en una entrevista con *The Guardian* (2013). En ese sentido, *Red* no solo marcó un cambio de género musical, sino también una expansión temática: del amor adolescente al amor adulto, de la ilusión al desencanto, de la inocencia a la introspección.

La composición de *Red* fue también un proceso experimental. Taylor escribió más de treinta canciones, de las cuales solo dieciséis fueron incluidas en la versión estándar. "Era como pintar con sonidos", comentó. "Cada canción representaba un estado emocional distinto". El título se inspira en esa intensidad sensorial: el rojo como símbolo de vida, riesgo y vulnerabilidad. Desde el punto de vista estético, el álbum se mueve entre la narrativa confesional de *Speak Now* y la producción monumental del pop global, estableciendo un puente entre ambos mundos.

Los resultados fueron inmediatos. *Red* debutó en el número uno del *Billboard 200*, con más de 1,2 millones de copias vendidas en su primera semana en Estados Unidos, un logro excepcional en plena era digital. Críticos y fans coincidieron en que el disco representaba una madurez emocional sin precedentes. *The New York Times* señaló que "Swift ha alcanzado una nueva altura artística: su voz ya no describe la adolescencia, sino la experiencia universal del desengaño". Por su parte, *Los Angeles Times* definió el álbum como "un puente entre géneros, generaciones y emociones".

El tránsito hacia el pop no implicó una renuncia a la autenticidad, sino su reformulación. Swift supo incorporar las estructuras y recursos del pop sin sacrificar la integridad de su escritura. La diferencia entre *Fearless* y *Red* no radica solo en el sonido, sino en la perspectiva: mientras en el primero hablaba una joven que soñaba con el amor, en el segundo lo hace una mujer que ya ha conocido su fragilidad. En palabras de la propia artista: "Cuando creces, aprendes que el amor no es una película, sino un caleidoscopio. A veces te ciega, a veces te ilumina" (*ABC News*, 2012).

Esa conciencia emocional es la que convierte *Red* en una obra bisagra. Es el álbum donde Taylor Swift deja de narrar desde la idealización para hacerlo desde la contradicción. La suya ya no es la historia de una princesa, sino la de una mujer que duda, se equivoca, recuerda y continúa. En esa tensión entre vulnerabilidad y control, entre emoción y producción, se halla el corazón del pop moderno.

Red no fue simplemente el disco de una transición; fue la declaración de una artista que decidió no quedarse quieta. Al teñir su música de nuevos sonidos y emociones, Taylor Swift confirmó que la evolución, para ella, no era una estrategia de mercado, sino una necesidad vital.

Porque, al final, su mayor fidelidad no es a un género, sino a la emoción misma. Y esa emoción, en *Red*, brilla con todos los matices del color que le da nombre: ardiente, contradictorio, humano.

Letras introspectivas y un sonido híbrido

Si *Speak Now* había consolidado a Taylor Swift como autora total, *Red* la reveló como una narradora de las emociones adultas. En este álbum, la artista abandona el relato lineal de la adolescencia y se adentra en una escritura más fragmentada, introspectiva y ambivalente. Las letras ya no describen solo lo que sucede, sino cómo se siente y cómo se recuerda: son el reflejo de una mente que observa su propio caos emocional.

"Este disco es una exploración de las sensaciones extremas", explicó Swift en una entrevista con *NPR Music* (2012). "El amor, la pérdida, la confusión, la rabia: todos esos sentimientos intensos que no sabes cómo ordenar. Por eso lo llamé *Red*: porque así se sienten las emociones cuando te sobrepasan". Esa búsqueda de autenticidad emocional se traduce en una escritura más compleja, con metáforas visuales, saltos temporales y una voz lírica que se debate entre la vulnerabilidad y la lucidez.

Desde la primera pista, *State of Grace*, la artista anuncia un cambio de tono. La canción comienza con guitarras de estadio, batería expansiva y un sonido casi épico, alejado del intimismo acústico de sus discos anteriores. Sin embargo, la letra conserva la precisión confesional de siempre: "Love is a ruthless game / unless you play it good and right" ("El amor es un juego despiadado / a menos que se juegue bien y con justicia"). Esa frase resume el espíritu del álbum: un intento de reconciliar emoción y razón, impulso y reflexión.

La introspección se hace especialmente evidente en *All Too Well*, considerada por la crítica como una de las obras maestras de su repertorio. La canción, que narra una relación pasada con una precisión casi cinematográfica, combina la sensibilidad narrativa del folk con la estructura expansiva del pop moderno. "Dejé mi bufanda en la casa de tu hermana / y aún la guardas en tu cajón, porque te recuerda a la inocencia", canta Swift, transformando un objeto cotidiano en símbolo de pérdida y memoria. *Rolling Stone* definió el tema como "una disección emocional digna de Raymond Carver, envuelta en un crescendo de guitarras que parece contener la respiración del duelo" (2012).

La versión de diez minutos de *All Too Well*, publicada años más tarde en *Red (Taylor's Version)*, confirmó la densidad poética de esa composición. Más que una canción, es un relato: un viaje de la ilusión al desengaño, del recuerdo a la comprensión. "Taylor escribe como si el tiempo fuera una herida que puede sanarse con palabras", escribió la periodista Amanda Petrusich (*The New Yorker*, 2021). En esa afirmación se resume la madurez emocional de *Red*: no hay drama gratuito, sino elaboración de la experiencia.

Pero la introspección no significa melancolía constante. En *22*, Swift celebra la juventud como un espacio de libertad imperfecta: "We're happy, free, confused, and lonely at the same time" ("Somos felices, libres, confundidas y solas al mismo tiempo"). La frase, aparentemente ligera, sintetiza una paradoja generacional: la coexistencia de la euforia y la ansiedad en una era de sobreexposición emocional. Como señaló *The Guardian* (2013), "Swift logra que el pop más bailable conserve una dimensión filosófica: el reconocimiento de que la alegría también puede ser un modo de resistencia".

Esa dualidad entre introspección y energía vital se refleja en el sonido híbrido del álbum. *Red* oscila entre la calidez del country acústico y la sofisticación del pop electrónico, combinando instrumentos orgánicos con producción digital. Canciones como *Treacherous* o *Begin Again* conservan la ternura melódica de Nashville, mientras *I Knew You Were Trouble* introduce un drop dubstep que anticipa la estética pop de la década siguiente. Este equilibrio entre lo artesanal y lo industrial, lo íntimo y lo global, fue una de las claves de su éxito.

"Taylor Swift entiende el pop no como un género, sino como un lenguaje emocional", escribió Rob Sheffield (*Rolling Stone*, 2013). "*Red* es su primera gran traducción: la conversión de la confesión personal en un sonido expansivo, capaz de llenar estadios sin perder la delicadeza de un susurro". Esa definición resume la transformación de Swift en esta etapa: una autora que ya no teme experimentar con las formas sin renunciar a su esencia narrativa.

En *The Last Time*, un dueto con Gary Lightbody (de Snow Patrol), la artista ensaya una estructura casi teatral, con dos voces que se entrelazan para representar una relación que se disuelve entre la despedida y la esperanza. La repetición del verso "This is the last time I'm asking you this" ("Es la última vez que te pido esto") se convierte en un mantra del agotamiento emocional. A través de estas repeticiones y contrastes de tono, Swift introduce recursos literarios en la composición pop, dotando a sus canciones de una tensión narrativa que rara vez se encuentra en la música comercial.

El carácter híbrido de *Red* no solo refleja una fusión de estilos musicales, sino también una fusión identitaria. En este álbum, Taylor Swift deja de ser "la chica del country" para convertirse en un sujeto múltiple: escritora, intérprete, productora y cronista de las emociones contemporáneas. La hibridación, más que una estrategia de mercado, se convierte en una metáfora de la condición moderna: fragmentaria, contradictoria, cambiante.

"Cuando escribo, quiero capturar el momento exacto en que sientes algo y aún no sabes qué significa", explicó Swift en una charla para *VH1 Storytellers* (2012). Esa frase revela la clave de *Red*: el arte como intento de comprensión. Cada canción funciona como una fotografía emocional de un instante irrepetible, una pieza del mosaico afectivo que conforma su madurez artística.

Con *Red*, Taylor Swift alcanzó un equilibrio singular entre emoción y forma, tradición y modernidad. Su música se volvió más ambiciosa, pero también más humana. En la confluencia entre introspección y expansión sonora, el álbum trazó el mapa de una nueva etapa creativa: la de una autora que ya no solo canta sobre lo que vive, sino que reflexiona sobre cómo lo siente.

En esa conjunción de lo íntimo y lo colectivo, lo acústico y lo electrónico, lo confesional y lo universal, reside el corazón de *Red*: un disco donde la emoción adopta múltiples rostros, pero conserva siempre un mismo pulso —el de una voz que busca entenderse mientras aprende a transformar el dolor en belleza.

"All Too Well": el mito de la canción perfecta

Pocas canciones contemporáneas han alcanzado el estatus casi mítico que rodea a *All Too Well*. Originalmente incluida en *Red* (2012), y ampliada años más tarde en *Red (Taylor's Version)* con su ya célebre versión de diez minutos, este tema se ha convertido no solo en la obra maestra de Taylor Swift, sino en una referencia emocional y narrativa dentro de la música popular moderna.

Desde su aparición, *All Too Well* fue reconocida por la crítica como una de las composiciones más sofisticadas de Swift. Lo que en principio parecía una balada sobre una ruptura amorosa, reveló capas de complejidad que trascendían lo autobiográfico para alcanzar una dimensión literaria. Con su tono elegíaco, su estructura en crescendo y su dominio del detalle cotidiano, la canción conjuga lo íntimo y lo épico, la memoria y la herida, la palabra y el silencio.

"Comencé a escribirla durante un ensayo de mi gira", recordó la artista en una entrevista con *Rolling Stone* (2020). "Empecé a improvisar versos sobre un recuerdo que no podía dejar de revivir. La emoción era tan intensa que la canción se escribió sola". Aquella improvisación inicial duró más de diez minutos y fue luego depurada con la ayuda del compositor Liz Rose, su colaboradora habitual en los primeros años. Pero incluso en su versión reducida, la canción conservó una densidad poética que la distinguiría de todo su repertorio anterior.

All Too Well narra, con precisión de diario y elegancia de novela corta, los recuerdos de una relación que terminó abruptamente. Swift estructura el relato en imágenes sensoriales: una bufanda olvidada, un viaje en coche, una cena familiar, un paseo otoñal. Son escenas aparentemente triviales que, al acumularse, generan una atmósfera de nostalgia y pérdida. "Left my scarf there at your sister's house / And you still got it in your drawer, even now" ("Dejé mi bufanda en casa de tu hermana / y aún la tienes en tu cajón, incluso ahora"). En esta línea, la canción se inscribe en la tradición del *objet trouvé*: el objeto cotidiano convertido en símbolo de la memoria amorosa.

La crítica literaria Emily Lordi señaló que "Swift construye su propio realismo emocional mediante el detalle, no la hipérbole. Su bufanda es su versión del pañuelo de Proust: un detonante de la memoria que convierte el pasado en experiencia presente" (*The Atlantic*, 2021). Esa conexión entre la minuciosidad descriptiva y la intensidad emocional explica en parte por qué *All Too Well* ha sido celebrada incluso fuera del ámbito del pop.

La estructura musical contribuye a esa sensación de ascenso emocional. La canción comienza con acordes suaves de guitarra, una voz contenida, casi temblorosa, y un tempo lento que se acelera progresivamente hasta alcanzar un clímax en la línea "Maybe we got lost in translation, maybe I asked for too much" ("Quizá nos perdimos en la traducción, quizá pedí demasiado"). Aquí, Swift emplea la repetición, el cambio de tono y la respiración entre versos como recursos dramáticos. El resultado es una experiencia emocional casi cinematográfica, donde la tensión entre contención y desbordamiento se siente más que se describe.

La versión extendida de diez minutos, lanzada en 2021 junto a un cortometraje dirigido por la propia Swift, reveló fragmentos inéditos que ampliaron la dimensión narrativa de la canción. Los nuevos versos ofrecen un retrato más crudo de la manipulación emocional y la diferencia de edad en la relación. "And I was never good at telling jokes / But the punch line goes, I'll get older, but your lovers stay my age" ("Nunca fui buena contando chistes / pero el remate es: yo envejezco, pero tus amantes tienen siempre mi edad"). Este verso, celebrado por la crítica, fue descrito por *The New York Times* como "una línea que condensa una vida entera de desencanto con la elocuencia de una novela en una frase" (2021).

El cortometraje *All Too Well: The Short Film* — protagonizado por Sadie Sink y Dylan O'Brien— consolidó el mito de la canción. Más que un video musical, se trata de una obra audiovisual sobre el poder destructivo del amor desigual, filmada en tonos otoñales que evocan el paso del tiempo y la imposibilidad de regresar al pasado. Swift dirigió el proyecto con sensibilidad de autora, combinando el lenguaje del cine independiente con la estética de la memoria. "Ella no solo canta una historia: la reescribe visualmente, reivindicando el control sobre su narrativa", observó la crítica Hannah Giorgis (*The Atlantic*, 2021).

En el plano cultural, *All Too Well* se convirtió en un fenómeno intergeneracional. Fans de distintas edades encontraron en ella un espejo emocional: una elegía sobre lo que se pierde cuando se ama demasiado pronto o demasiado intensamente. La canción fue interpretada por muchos como un himno del duelo amoroso, pero también como una afirmación de la madurez emocional. "Taylor Swift ha transformado el desamor en un arte de la memoria", escribió Rob Sheffield en *Rolling Stone* (2021). "*All Too Well* no trata de lo que se rompe, sino de lo que permanece".

El mito de la "canción perfecta" nació precisamente de esa combinación de honestidad y estructura. Swift logra un equilibrio casi clásico entre emoción y forma: cada verso tiene un peso narrativo, cada imagen cumple una función simbólica. La canción no se apoya en el estribillo ni en la repetición, sino en el desarrollo progresivo del relato. Por eso, *All Too Well* desafía las convenciones del pop comercial: no busca la inmediatez del éxito, sino la permanencia de la emoción.

En 2022, la revista *Rolling Stone* la incluyó en su lista de *Las 500 mejores canciones de todos los tiempos*, ocupando el puesto 69, y la describió como "una obra maestra del pop narrativo que redefinió lo que una canción puede ser". Ese reconocimiento confirmó lo que sus oyentes ya sabían: que *All Too Well* pertenece a la categoría de las canciones que no envejecen, porque están hechas del mismo material que la memoria.

Más que una historia de ruptura, *All Too Well* es una meditación sobre el recuerdo y la identidad. A través de ella, Taylor Swift logró lo que pocos artistas contemporáneos han alcanzado: convertir una emoción privada en un mito colectivo. Su perfección no reside en la técnica, sino en la verdad que transmite. Es, como diría Leonard Cohen: "una grieta por donde entra la luz".

Ruptura sentimental y construcción del personaje público

En el corazón de *Red* late una herida que trasciende lo biográfico: la de una mujer que transforma el dolor en relato y el relato en identidad. Buena parte del imaginario del álbum se inspira en la ruptura sentimental de Taylor Swift con el actor Jake Gyllenhaal, un episodio que los medios de comunicación convirtieron en una telenovela pública. Lo que para la artista era materia íntima, se transformó en espectáculo mediático: un fenómeno que, paradójicamente, la impulsó a consolidar su autonomía creativa y su poder narrativo.

En declaraciones a *The Guardian* (2013), Swift reconoció que "cuando escribes sobre tus emociones, pierdes el control sobre cómo las interpretará el mundo". Y sin embargo, esa pérdida de control se convirtió en su fuerza: el arte como mecanismo de defensa, como traducción simbólica del dolor. En lugar de negar la exposición, la artista decidió apropiarse de ella. Así, la ruptura no solo se volvió inspiración, sino también herramienta de emancipación artística.

Durante los meses que siguieron al lanzamiento del disco, la prensa de espectáculos insistió en reducir a Swift a un arquetipo: la chica despechada, la exnovia que canta sus fracasos. Titulares como "Taylor Swift turns heartbreak into hits" (*The Daily Mail*, 2012) o "The serial dater of pop" (*GQ*, 2013) intentaban caricaturizar su vulnerabilidad como estrategia de marketing. Sin embargo, Swift revirtió esa lectura con inteligencia. "No escribo canciones para obtener simpatía ni venganza", explicó en *Vanity Fair* (2013). "Escribo porque necesito entender lo que siento, y porque sé que otras personas sienten lo mismo".

Esa afirmación revela un principio fundamental en su obra: la emoción como experiencia compartida. La artista comprendió que, en la era de las redes y la cultura de la exposición, la autenticidad no radica en la privacidad, sino en la capacidad de transformar lo personal en espejo colectivo. "Taylor Swift es la primera gran compositora del siglo XXI que convirtió la vulnerabilidad en una forma de poder", escribió Ann Powers en *NPR Music* (2014). En ese sentido, *Red* no es un álbum sobre la ruptura, sino sobre la metamorfosis: el proceso por el cual una mujer asume su historia y la reescribe con voz propia.

La ruptura con Gyllenhaal —y la tormenta mediática que la rodeó— sirvieron también para delinear una nueva etapa en la construcción del personaje público de Swift. Hasta entonces, su imagen había estado asociada a la pureza juvenil, al romanticismo idealizado y a la estética de la "chica de al lado". *Red* introduce una figura más compleja: una mujer que reconoce sus heridas, que acepta su deseo, su rabia y su melancolía. En esa transformación simbólica, Swift deja de ser objeto de narración para convertirse en autora de su propio mito.

El videoclip de *I Knew You Were Trouble* ilustra esta mutación. En él, la artista encarna una versión fragmentada de sí misma: una joven deslumbrada por una relación autodestructiva que termina perdiendo la inocencia. Con estética de cine indie y tono confesional, el video marcó un punto de inflexión visual. "Es la primera vez que Taylor se muestra rota, pero también consciente", escribió Sasha Frere-Jones en *The New Yorker* (2013). "Esa conciencia es lo que la convierte en narradora, no en víctima".

En este período, Swift comenzó a reflexionar públicamente sobre la relación entre fama y narrativa. En entrevistas con *Billboard* y *Elle* (2013), señaló que "cada artista construye una historia alrededor de sí mismo, pero el peligro está en dejar que otros la escriban". A partir de entonces, la artista adoptó un control férreo sobre su discurso público: desde sus redes sociales hasta sus apariciones televisivas, todo se convirtió en una extensión de su identidad autoral. Su figura empezó a habitar una zona intermedia entre la sinceridad emocional y la estrategia mediática, entre la artista y la marca.

El álbum *Red* simboliza así una doble ruptura: amorosa y simbólica. Por un lado, la separación que inspira sus canciones; por otro, la emancipación del personaje que el público y la industria habían construido en torno a ella. Swift comprendió que el único modo de sobrevivir a la exposición era convertirla en arte. En lugar de permitir que los tabloides definieran su historia, la narró ella misma, canción por canción.

En ese sentido, *Red* representa la transición de la Taylor adolescente a la Taylor autora, de la figura romántica a la intelectual emocional. Lo que en *Fearless* era una crónica de los primeros amores, aquí se convierte en un ensayo sentimental sobre la madurez y el desengaño. Y esa madurez no consiste en renunciar a sentir, sino en aceptar la vulnerabilidad como forma de conocimiento.

"El arte no es una venganza, es una forma de redención", diría Swift en su discurso de los *Billboard Women in Music Awards* (2014). En esa frase se condensa la filosofía que comenzó a definirse en la era *Red*: la de una mujer que aprende a reconstruirse a través de sus propias palabras.

En definitiva, la ruptura sentimental que dio origen al álbum no destruyó a Taylor Swift: la fundó. Fue el detonante que la impulsó a mirar su vida como materia narrativa, a comprender que la emoción podía convertirse en forma, y que la exposición podía ser controlada mediante la palabra.

Con *Red,* Taylor Swift no solo narró un amor perdido, sino que se reinventó como autora consciente de su poder. La niña que escribía canciones en su habitación se transformó en una mujer que escribe su destino ante millones de espectadores. Y en esa reinvención —dolorosa, lúcida, brillante— comenzó la era de la Taylor Swift que ya no solo canta lo que siente, sino que decide quién quiere ser.

CAPÍTULO 6.

1989: EL RENACIMIENTO DEL POP GLOBAL

Taylor Swift como icono cultural y estético

En octubre de 2014, Taylor Swift publicó *1989*, un álbum que no solo redefinió su carrera, sino también el sonido y la estética del pop del siglo XXI. Titulado con su año de nacimiento, el disco simboliza un renacer: la consolidación de una nueva identidad artística y la ruptura definitiva con el country. Con *1989*, Swift se situó en la tradición de los grandes reinventores del pop —Madonna, David Bowie, Prince—, pero con una singularidad que la distingue: su capacidad para convertir la transformación personal en fenómeno cultural colectivo.

"Este disco es una declaración de independencia", afirmó Swift en una entrevista con *Billboard* (2014). "Quería crear un álbum puramente pop, con todo lo que eso implica: riesgo, reinvención y libertad". Esa libertad se manifestó no solo en la música, sino en su estética visual, su narrativa pública y su concepción de la autoría. *1989* fue, en todos los sentidos, un manifiesto: la afirmación de una artista que había dejado de ser una joven que narraba amores adolescentes para convertirse en una autora que diseña su propio universo simbólico.

El cambio de sonido fue radical. Bajo la producción de Max Martin, Shellback y Jack Antonoff, Swift abrazó plenamente la sonoridad electrónica de los años ochenta: sintetizadores brillantes, percusiones digitales, bajos procesados y melodías expansivas. Canciones como *Blank Space*, *Style* y *Out of the Woods* no solo evocaban a artistas como Depeche Mode o Cyndi Lauper, sino que dialogaban con la nostalgia contemporánea por aquella década. Pero más allá del homenaje estético, *1989* reinterpretaba el pop ochentero desde una sensibilidad moderna, emocionalmente introspectiva y narrativamente precisa.

"Taylor Swift logra en *1989* lo que pocos artistas contemporáneos han conseguido: hacer un disco de pop masivo sin renunciar a la inteligencia ni a la emoción", escribió Rob Sheffield en *Rolling Stone* (2014). "Cada canción es una historia condensada, una película en tres minutos". Esa conjunción entre accesibilidad y profundidad emocional convirtió el álbum en un clásico instantáneo.

La estética de *1989* fue tan decisiva como su sonido. Swift diseñó una iconografía coherente que combinaba lo retro y lo moderno: fotografías polaroid, tipografía manual, una paleta cromática dominada por tonos pastel y una imagen pública depurada. Su cabello corto y rubio platino, su estilo inspirado en el *mod* londinense y su vestuario minimalista proyectaban una figura cosmopolita y segura de sí misma. La portada del álbum —un autorretrato polaroid cortado a la altura de los ojos— se convirtió en símbolo de esa nueva identidad: un gesto deliberado de anonimato parcial, una declaración de control sobre su imagen.

El universo visual de *1989* fue acompañado por una narrativa de empoderamiento. En *Shake It Off*, Swift respondía con ironía a años de críticas mediáticas. "The haters gonna hate, hate, hate, hate, hate", canta, desafiando el escrutinio público con una coreografía lúdica y desinhibida. La canción no solo se convirtió en un himno global de autoconfianza, sino también en una pieza clave de la estética Swift: un equilibrio entre vulnerabilidad y autoafirmación, entre la conciencia del juicio ajeno y la determinación de seguir bailando.

La era *1989* supuso además un fenómeno visual sin precedentes. Los videoclips —auténticas microficciones cinematográficas— consolidaron a Swift como directora conceptual de su propia marca. En *Blank Space*, la artista parodia su imagen mediática como "devoradora de hombres", mostrando una mansión elegante donde encarna con ironía la figura de la femme fatale desquiciada que la prensa había inventado. "Si van a contar mi historia, al menos que sea yo quien la dirija", dijo Swift al estrenar el video (*Time*, 2014). La autoconciencia y el humor con que reinterpretó su personaje convirtieron el clip en un manifiesto de poder narrativo femenino.

La crítica cultural Margaret Talbot señaló que "Swift domina el arte de la ironía controlada: sabe ser objeto y sujeto de su discurso, víctima y directora al mismo tiempo" (*The New Yorker*, 2015). En ese sentido, *1989* no es solo un disco de pop: es una reflexión sobre la fama, la representación y la autoría.

En el contexto social, *1989* apareció en una década marcada por la cultura digital, la viralidad y la construcción de identidades en redes sociales. Swift comprendió que, en ese entorno, la autenticidad debía reinventarse. Lejos de la exposición ingenua de sus inicios, elaboró una imagen cuidadosamente diseñada que mantenía la cercanía emocional pero añadía sofisticación. En Instagram y Twitter, cultivó una comunicación directa con sus fans —los llamados *Swifties*—, pero siempre bajo una narrativa cohesionada: la de una artista que crece junto a su público, sin perder la conexión íntima que la caracteriza.

El impacto cultural de *1989* fue inmediato. El álbum vendió más de diez millones de copias en todo el mundo y ganó el *Grammy* al Álbum del Año, consolidando a Swift como la primera mujer en la historia en recibir ese galardón dos veces. Su gira mundial —*The 1989 World Tour*— recaudó más de 250 millones de dólares y fue documentada en un concierto filmado para Apple Music, donde la artista reivindicó su poder como creadora total. "Este disco cambió mi vida", declaró en el escenario de Sídney (2015). "Me enseñó que la libertad creativa no se pide: se conquista".

La estética y el mensaje de *1989* transformaron a Taylor Swift en un icono cultural. Ya no era solo una cantante o una compositora exitosa: era un símbolo de autodefinición femenina, una creadora que utilizaba la maquinaria del pop para hablar de identidad, percepción y resistencia. "Taylor Swift representa la figura del artista total en la era de la exposición", escribió Jon Caramanica en *The New York Times* (2015). "Su arte es la vida misma traducida en espectáculo, pero un espectáculo que ella controla hasta el último detalle".

En suma, *1989* marcó el punto de no retorno: la entrada de Taylor Swift en la categoría de los grandes mitos del pop contemporáneo. Su estética, su narrativa y su dominio de la imagen redefinieron la relación entre arte y espectáculo, autenticidad y artificio. Con este álbum, Swift no solo conquistó el mundo: lo reconstruyó a su medida.

"Shake It Off" y la reescritura de la imagen femenina en los medios

En agosto de 2014, el lanzamiento de *Shake It Off* marcó un antes y un después en la relación de Taylor Swift con la opinión pública. La canción, primer sencillo de *1989*, se convirtió en una declaración de principios, una respuesta directa a años de críticas, burlas y estereotipos sobre su vida sentimental. Con ritmo contagioso, coreografía despreocupada y un tono irónico, Swift transformó la humillación mediática en energía creativa. "People can talk all they want. I'm just gonna shake it off" ("La gente puede decir lo que quiera. Yo solo voy a sacudírmelo de encima"), canta en el estribillo, convirtiendo la resiliencia en un acto de baile.

Desde su irrupción en la cultura pop, Swift había sido objeto de una intensa escrutinio mediático. Su imagen pública —a medio camino entre la inocencia adolescente y la mujer románticamente desafortunada— se había convertido en una caricatura recurrente. Los tabloides narraban su vida amorosa como una telenovela interminable, y los medios especializados la etiquetaban como "la chica que solo escribe sobre sus exnovios". El estribillo de *Shake It Off* fue la respuesta más lúdica y a la vez más contundente a esa narrativa. "El pop de Taylor Swift no es evasión, sino autodefensa coreografiada", escribió la crítica Ann Powers en *NPR Music* (2014).

La canción, coescrita con Max Martin y Shellback, mezcla el espíritu optimista del *motown* con la producción brillante del pop electrónico contemporáneo. Su ritmo sincopado, su estructura circular y su tono casi paródico revelan una autora consciente del espectáculo que la rodea. El videoclip, dirigido por Mark Romanek, multiplica esta ironía: Swift aparece bailando torpemente entre ballerinas, cheerleaders, raperos y bailarines de *twerk*, encarnando todos los clichés femeninos con humor autocrítico. No intenta imitar la perfección estética del pop, sino reírse de ella.

"Lo que más me gusta de este video es que muestra que no soy una bailarina profesional, y está bien", dijo Swift en una entrevista con *MTV News* (2014). "La idea era celebrar la torpeza, reírnos de los estándares imposibles y recordar que no hace falta encajar en nada para divertirse". En un panorama musical donde la imagen de la mujer suele construirse desde la hipersexualización o la perfección impostada, *Shake It Off* ofreció una alternativa: la de la imperfección como autenticidad.

El video recibió más de diez millones de reproducciones en sus primeras veinticuatro horas y se convirtió en un fenómeno viral, acompañado por una oleada de videos de fans —los *Shake It Off Challenges*— que replicaban su mensaje de libertad. Sin embargo, no estuvo exento de polémica. Algunos críticos señalaron la apropiación cultural en las escenas de *twerking* y hip-hop, cuestionando el uso de estéticas afroamericanas por una artista blanca. Swift respondió con prudencia, insistiendo en que su intención había sido satírica y universal: "Era una broma sobre mí misma, sobre todos mis intentos fallidos de adaptarme a diferentes mundos", declaró en *TIME* (2014).

Más allá de las controversias, *Shake It Off* consolidó una nueva imagen femenina en los medios:

una mujer que ya no se define por las narrativas románticas ni por el juicio ajeno, sino por su capacidad de autorrepresentarse con humor y dignidad. "Taylor Swift reescribió su mito en clave de ironía", observó la crítica Margaret Talbot en *The New Yorker* (2015). "Dejó de ser el personaje trágico de sus propias canciones para convertirse en la narradora que ríe al final de la historia".

El poder de *Shake It Off* reside precisamente en esa transición simbólica. Por primera vez, Swift se muestra como protagonista de su propio discurso mediático: asume las etiquetas, las exagera y las destruye desde dentro. La ironía se convierte en herramienta de empoderamiento. En lugar de rechazar los estereotipos, los exhibe hasta vaciarlos de sentido. Esa estrategia la aproxima a figuras como Madonna o Lady Gaga, que también han utilizado la parodia para subvertir los códigos de la feminidad mediática.

En el contexto de 2014, un año dominado por debates sobre feminismo, control de la imagen y representación de la mujer en la industria cultural, *Shake It Off* se integró en un movimiento más amplio de relectura de los roles femeninos. "Taylor Swift muestra que la autoironía puede ser una forma de resistencia", señaló *The Guardian* (2015). "El mensaje es claro: la fuerza femenina no consiste en no caerse, sino en levantarse bailando".

El impacto fue inmediato y profundo. *Shake It Off* encabezó las listas de más de quince países, obtuvo certificación multiplatino y fue nominada al *Grammy* a Grabación del Año. Pero su verdadera trascendencia fue simbólica: redefinió la relación de Swift con la fama. A partir de ese momento, dejó de ser objeto pasivo de la mirada mediática para convertirse en una autora que la manipula con maestría.

Como señalaría años después la propia artista: "Durante mucho tiempo sentí que mi historia era contada por otros. Con *Shake It Off*, decidí contarla bailando" (*Billboard Women in Music Awards*, 2019). Esa frase resume el sentido más profundo de la canción: la conquista de la autonomía narrativa a través del humor, la ironía y el arte pop.

Shake It Off no solo cambió la trayectoria de Taylor Swift; cambió la forma en que el público percibía a las mujeres en la industria musical. Ya no se trataba de resistir en silencio, sino de responder con inteligencia y alegría. De ahí su poder duradero: más que un himno de superación, es una invitación a desarmar el juicio ajeno con ligereza y dignidad.

La ciudad como escenario de libertad

Con *1989*, Taylor Swift trasladó su universo narrativo del campo a la ciudad. Si en sus primeros discos las historias ocurrían entre porches, carreteras rurales y pequeños pueblos, ahora el escenario era Manhattan, símbolo por excelencia de la modernidad, la autonomía y el renacimiento personal. Esta mudanza estética no fue solo geográfica, sino simbólica: la ciudad representaba la independencia emocional y creativa de una mujer que ya no buscaba refugio en el pasado, sino afirmación en el presente.

"Me mudé a Nueva York y fue como volver a nacer", confesó Swift en una entrevista con *Rolling Stone* (2014). "Esa ciudad me dio una nueva energía, una nueva mirada, un sentido de libertad que nunca había experimentado". En efecto, *1989* no solo se titula con su año de nacimiento: es también una metáfora de su renacimiento vital. Nueva York se convierte en el escenario donde la artista se redescubre, donde el anonimato y la multitud se vuelven sinónimos de posibilidad.

Esa experiencia urbana impregna la atmósfera sonora del disco. Los sintetizadores brillantes, las líneas rítmicas pulsantes y los ecos electrónicos evocan la vibración constante de la gran ciudad: el tráfico, las luces, el movimiento perpetuo. "Swift convierte la arquitectura del pop en la arquitectura de la ciudad: cada canción es un edificio emocional", escribió Rob Sheffield en *Rolling Stone* (2015). La música deja de ser un refugio íntimo y se convierte en un espacio abierto, colectivo, donde la emoción se expresa con amplitud y confianza.

En *Welcome to New York*, tema que abre el álbum, Swift rinde homenaje a la metrópoli como símbolo de inclusión y reinvención. "The lights are so bright, but they never blind me" ("Las luces son tan brillantes, pero nunca me ciegan"), canta, reivindicando el derecho a mirar de frente la intensidad del mundo moderno. La canción, aunque criticada por algunos por su tono idealista, fue interpretada por la propia artista como un canto a la libertad individual. "Es una celebración de la posibilidad", explicó en *Good Morning America* (2014). "De lo que se siente cuando llegas a un lugar donde nadie te define por tu pasado".

La ciudad, en el universo de *1989*, funciona como antídoto contra la repetición y el juicio. Representa el anonimato que permite reinventarse, pero también la multitud que ofrece conexión. En *Style* y *Out of the Woods*, la vida urbana aparece como un escenario de deseo, velocidad y peligro: relaciones intensas que nacen y mueren entre luces de neón, metáforas del vértigo moderno. "We were built to fall apart / then fall back together" ("Estábamos hechos para rompernos / y volver a unirnos"), canta Swift, capturando la fugacidad y el dramatismo de las relaciones en la era contemporánea.

El videoclip de *Welcome to New York* —producido por la propia artista y filmado con estética documental— reforzó esta narrativa de descubrimiento urbano. Swift camina por la ciudad entre rascacielos y taxis amarillos, sonríe a desconocidos, baila sola en su apartamento. La imagen es simple, pero poderosa: la libertad no se presenta como extravagancia, sino como cotidianidad elegida. "En esa escena, Taylor Swift redefine el arquetipo de la mujer urbana: no la ejecutiva agresiva ni la romántica perdida, sino la creadora que encuentra inspiración en su propia soledad", escribió *The Guardian* (2015).

Desde un punto de vista cultural, la adopción de la ciudad como espacio central representa una ruptura con la tradición narrativa del country, donde la autenticidad se asociaba al paisaje rural. En *1989*, la autenticidad se redefine como capacidad de adaptarse al cambio. Swift se apropia del imaginario urbano para construir una nueva forma de verdad: la de quien se conoce a sí misma en medio del ruido. Como señaló la crítica Margaret Talbot en *The New Yorker* (2015), "Taylor Swift convirtió la gran ciudad —símbolo de alienación en la literatura moderna— en escenario de autodescubrimiento y solidaridad femenina".

No es casual que, en esta etapa, la artista rodeara su vida pública de un círculo de amistades igualmente visibles: modelos, actrices y otras cantantes —como Selena Gomez, Karlie Kloss, Gigi Hadid o Lorde— que los medios bautizaron como su "girl squad". Aunque este fenómeno fue objeto de debate —acusado a veces de superficialidad o elitismo—, Swift lo defendió como un símbolo de apoyo mutuo y amistad femenina en una industria competitiva. "Durante años se nos enseñó a vernos como rivales. Yo quería mostrar que la hermandad también puede ser parte del éxito", declaró en *Vanity Fair* (2015).

Así, la ciudad no es solo un escenario físico, sino una metáfora de red y comunidad. Swift la habita no como estrella distante, sino como narradora entre iguales. Cada rincón de Manhattan

—desde los cafés del West Village hasta los puentes del East River— se convierte en un mapa emocional, una extensión de su biografía. "New York fue mi musa", dijo en *Elle* (2016). "Porque allí nadie me miraba como la chica que solía ser. Era simplemente alguien que empezaba de nuevo".

En última instancia, *1989* presenta a la ciudad como un territorio de emancipación: el lugar donde la artista se despoja de las definiciones ajenas y escribe su propia versión del éxito. La urbe no es amenaza ni artificio, sino escenario de autenticidad contemporánea: una autenticidad que ya no depende de la sencillez rural, sino de la complejidad urbana.

Taylor Swift convierte Nueva York en su metáfora definitiva: el espacio donde el ruido del mundo no ahoga su voz, sino que la amplifica. En ese paisaje de luces y libertad, se consolida la figura de la autora que ha aprendido a bailar con el vértigo de la fama sin perder su equilibrio.

De compositora country a arquitecta del pop

Con *1989*, Taylor Swift completó una transformación artística sin precedentes: la de una cantautora nacida en el corazón del country estadounidense que se convirtió en una de las arquitectas del pop global. Este tránsito no fue un simple cambio de estilo musical, sino la expresión de una voluntad creativa y de una inteligencia estratégica que redefinió la figura del artista en la era digital.

Desde sus inicios, Swift había sido reconocida por su talento como compositora. A los catorce años ya firmaba contratos en Nashville, y a los dieciocho se había consagrado con un Grammy. Pero con *1989*, esa destreza se amplificó en escala y ambición. La artista comprendió que el pop no era un género menor ni una concesión comercial, sino una arquitectura compleja que podía albergar la emoción, la ironía y la reflexión. "El pop es el lenguaje que todos hablamos sin darnos cuenta", dijo en una entrevista con *Billboard* (2014). "Decidí aprenderlo a fondo, entender su estructura y hacerlo mío".

Esa comprensión estructural del pop distingue a Swift de muchas de sus contemporáneas. *1989* está construido como una narrativa cuidadosamente planificada, donde cada canción cumple una función dentro del conjunto: *Welcome to New York* introduce la libertad, *Style* explora el deseo, *Out of the Woods* el miedo y la pérdida, *Clean* la redención. No hay temas de relleno, sino capítulos de una misma historia. "Taylor Swift compone como si diseñara una novela sonora", escribió la crítica Amanda Petrusich en *The New Yorker* (2015). "Cada canción contiene un conflicto, un clímax y una resolución".

En el proceso de producción, la artista asumió un papel cada vez más activo. Colaboró estrechamente con Jack Antonoff, Max Martin y Shellback, pero sin ceder el control autoral. "Taylor estaba en cada decisión: desde la armonía de los coros hasta la mezcla final", declaró Antonoff en una entrevista para *Rolling Stone* (2015). "Tiene una mente de arquitecta. Ve la estructura completa cuando otros solo ven una melodía". Esa capacidad de orquestar el sonido, la imagen y el mensaje convirtió a Swift en algo más que una intérprete: en una autora total, consciente del poder simbólico de cada acorde y cada palabra.

El dominio que ejerció sobre la narrativa de *1989* marcó también un punto de inflexión en la relación entre arte y control femenino dentro de la industria musical. Durante décadas, el pop había sido un territorio gobernado por productores y ejecutivos masculinos. Swift, en cambio, demostró que una artista podía ocupar simultáneamente los roles de compositora, productora, directora visual y estratega. "Taylor Swift es el ejemplo más exitoso de una mujer que se apropia de los mecanismos del pop y los convierte en extensión de su voz", escribió *The Guardian* (2016).

La precisión con que construyó su imagen pública durante la era *1989* refuerza esa idea de arquitectura total. Nada fue improvisado: desde la estética polaroid de las portadas hasta la narrativa visual de sus videoclips, pasando por su relación directa con los fans a través de redes sociales. Cada elemento formó parte de un edificio simbólico coherente. Swift diseñó su universo con la meticulosidad de un arquitecto y la emoción de una narradora.

Su éxito global confirmó que el pop podía ser arte narrativo. *1989* vendió más de diez millones de copias, ganó el *Grammy* al Álbum del Año y fue alabado por críticos que antes la consideraban una artista ligera. "El logro de Swift es haber demostrado que la honestidad emocional y la sofisticación pop no son opuestas, sino complementarias", señaló *The New York Times* (2015). En otras palabras, Swift logró que el pop volviera a ser tomado en serio como forma cultural.

En términos históricos, *1989* representa el punto culminante de un proceso iniciado en los años ochenta con Madonna y continuado en los dos mil con Beyoncé: el paso de la estrella femenina pasiva a la creadora consciente de su narrativa. Swift llevó ese proceso un paso más allá al vincularlo con la autoría literaria. En su música hay estructura, ritmo y personajes; pero también trama, metáfora y resolución. "Taylor escribe canciones como si fuesen cuentos breves", afirmó Stephen Metcalf en *Slate* (2016). "Y lo hace dentro de la maquinaria del pop, un medio donde la autoría individual suele disolverse".

Esa tensión entre lo industrial y lo personal define su genio. Mientras otros artistas buscan autenticidad a través de la ruptura con el mercado, Swift la encuentra en su interior, convirtiendo la lógica comercial en una extensión de su arte. No rehúye el espectáculo, lo diseña. No teme al artificio, lo sublima. En ese sentido, la transición de compositora country a arquitecta del pop no implica una renuncia, sino una expansión: la de una autora que aprendió a usar la escala global como un nuevo instrumento narrativo.

En el discurso que ofreció al recibir el *Grammy* en 2016, Swift sintetizó esta filosofía: "Habrá personas que intenten apropiarse de tu éxito o atribuirse tu historia, pero si te concentras en tu trabajo y en las personas que te apoyan, llegará un día en que mirarás atrás y sabrás que todo lo lograste por ti misma". Más que una reivindicación personal, fue una declaración de independencia artística: la culminación de un proceso que había comenzado años atrás en una guitarra adolescente y que ahora se desplegaba en la arquitectura luminosa del pop.

Así, *1989* no fue solo un álbum, sino una tesis sobre el poder creativo. Taylor Swift dejó de ser una cronista sentimental para convertirse en diseñadora de emociones colectivas. De la intimidad de Nashville al resplandor de Nueva York, trazó el mapa de una transformación que redefinió no solo su carrera, sino la historia reciente del pop.

Porque en esa arquitectura perfecta —hecha de melodías, metáforas y luces de neón— Taylor Swift no solo construyó un sonido: edificó una era.

CAPÍTULO 7.

REPUTATION: LA ERA OSCURA

Escándalos, redes y la guerra digital

En noviembre de 2017, Taylor Swift regresó al escenario musical con *Reputation,* un álbum sombrío, audaz y profundamente autorreflexivo. La portada en blanco y negro, las letras impresas con tipografía de periódico y su expresión severa anunciaban un cambio radical: la artista más luminosa del pop se adentraba en su propia oscuridad. Si *1989* había sido el canto de libertad, *Reputation* sería el testimonio de la caída y el renacimiento en medio de un mundo digital dominado por el juicio, el ruido y la distorsión.

Para entender el significado de este disco, es necesario situarlo en su contexto: la era de los escándalos virales, las cancelaciones y las guerras de reputación. Entre 2015 y 2016, Swift se vio envuelta en una tormenta mediática sin precedentes, alimentada por redes sociales, titulares sensacionalistas y enfrentamientos públicos con otras figuras del espectáculo, entre ellas Kanye West y Kim Kardashian. La disputa, originada por una supuesta conversación telefónica manipulada y difundida por Kardashian en Snapchat, desembocó en una campaña de desprestigio masiva bajo el hashtag #TaylorSwiftIsOverParty.

Por primera vez en su carrera, la narrativa mediática escapó completamente de su control. "De la noche a la mañana pasé de ser la chica de los premios a ser el enemigo público número uno", recordaría años después en el documental *Miss Americana* (Netflix, 2020). Las redes sociales, que antes habían sido el puente con sus seguidores, se convirtieron en campo de batalla. Memes, burlas y acusaciones se multiplicaron a un ritmo vertiginoso, en lo que *The Guardian* describió como "uno de los linchamientos digitales más coordinados de la cultura pop contemporánea" (2017).

El episodio reveló con crudeza el poder y la crueldad de la opinión pública en la era digital. Swift fue acusada de manipuladora, hipócrita y calculadora, mientras la prensa sensacionalista explotaba cada detalle de su vida privada. En respuesta, la artista desapareció del espacio público durante casi un año: sin publicaciones en redes, sin apariciones en premios, sin entrevistas. Su silencio, en lugar de debilidad, se convirtió en un acto de resistencia. "El silencio puede ser más elocuente que cualquier declaración", escribió *The New York Times* (2017). "Swift comprendió que la única manera de recuperar su historia era reescribirla desde el vacío".

Ese vacío fue el punto de partida de *Reputation*. El álbum es, en esencia, un manifiesto sobre la identidad en la era del espectáculo digital. "Durante un tiempo creí que debía explicarme", diría Swift en una entrevista con *Vogue* (2019). "Luego entendí que las historias inventadas sobre mí hablaban más de los demás que de mí. Así que decidí construir mi propia narrativa". En ese gesto se resume la esencia del disco: la artista que se ve arrasada por el ruido mediático y decide responder con arte, no con justificación.

El sonido de *Reputation* refleja ese conflicto. Producido nuevamente por Jack Antonoff y Max Martin, el álbum combina sintetizadores oscuros, bajos densos y percusiones industriales con letras cargadas de ironía y autoconciencia. Canciones como *Look What You Made Me Do*, *I Did Something Bad* o *Don't Blame Me* operan como monólogos dramáticos de una protagonista que asume su papel de villana solo para desactivar el poder de esa etiqueta. "Estoy harta de ser la chica buena", canta en *I Did Something Bad*. "Si algo hice mal, fue todo lo que me dijeron que no debía hacer".

El videoclip de *Look What You Made Me Do* es una pieza clave de este relato. Swift aparece rodeada de versiones pasadas de sí misma —la adolescente country, la estrella glamorosa, la romántica de *Red*—, todas ellas amontonadas en un cementerio simbólico. "The old Taylor can't come to the phone right now," dice en un momento icónico. "Why? Oh, because she's dead." ("La vieja Taylor no puede atender el teléfono ahora. ¿Por qué? Porque está muerta"). La escena no solo ironiza sobre su "muerte mediática", sino que la transforma en un ritual de purificación.

El público entendió el mensaje: Swift no estaba pidiendo perdón; estaba reclamando el derecho a renacer. "El pop es un lenguaje visual, y Swift lo domina como una dramaturga", escribió Rob Sheffield en *Rolling Stone* (2017). "*Reputation* no es un ajuste de cuentas, sino un estudio sobre cómo una mujer se reescribe a sí misma después de ser destruida públicamente".

La estética del disco —serpientes, tonos metálicos, luz fría— retomaba los símbolos utilizados por sus detractores y los convertía en emblemas de poder. La serpiente, originalmente un insulto que se viralizó durante su cancelación, fue adoptada por la propia artista como su nuevo tótem. "Si me van a llamar serpiente, entonces lo seré, pero a mi manera", declaró en *Time* (2017). En los conciertos de la gira *Reputation Stadium Tour*, una gigantesca serpiente inflable llamada "Karyn" presidía el escenario como recordatorio de esa ironía triunfal.

Desde una perspectiva cultural, *Reputation* representa un punto de inflexión en la narrativa de género en la industria del entretenimiento. Mientras muchas artistas femeninas han sido castigadas por ejercer control o desafiar las expectativas, Swift decidió enfrentar el estigma de frente, apropiándose de su demonización. "El álbum desmonta el mito de la mujer 'demasiado ambiciosa'", señaló *Pitchfork* (2018). "Revela el doble estándar con que se juzga el poder femenino en la cultura popular".

En lo musical, *Reputation* también supuso una renovación de su lenguaje. La inocencia lírica dio paso a una voz más directa, sarcástica y compleja. Detrás del tono vengativo se esconde una reflexión profunda sobre la construcción de identidad en la era digital: ¿qué queda de uno cuando la imagen pública se convierte en mercancía? "Swift pone en escena la paradoja de nuestra época: el deseo de ser vistos y el miedo a ser devorados por la mirada", escribió Margaret Talbot en *The New Yorker* (2018).

El éxito de *Reputation* fue inmediato y rotundo: vendió más de un millón de copias en su primera semana en Estados Unidos, rompiendo récords que pocos artistas habían alcanzado en la era del streaming. Pero su triunfo no fue solo comercial. Fue un gesto simbólico: la demostración de que la reinvención puede ser una forma de resistencia.

En ese sentido, *Reputation* no fue un disco de venganza, sino de poder interior. No buscaba limpiar su nombre, sino mostrar que la reputación —ese espejo social deformado— no define la verdad de una persona. Como la propia Swift escribió en su ensayo *30 Things I Learned Before Turning 30* (*Elle*, 2019): "La reputación es una sombra. A veces más grande, a veces más pequeña. Pero tú sigues siendo tú, incluso cuando no la reconoces".

Con *Reputation*, Taylor Swift enfrentó el linchamiento mediático y lo convirtió en arte. Allí donde otros vieron caída, ella construyó mito. La serpiente que debía simbolizar su ruina terminó siendo el emblema de su renacimiento. Y así, la artista que fue silenciada por las redes volvió a hablar —no con declaraciones, sino con una obra que hizo del escándalo su materia prima y de la oscuridad, su nueva luz.

"Look What You Made Me Do": la venganza en clave artística

Cuando *Look What You Made Me Do* fue lanzada en agosto de 2017, el mundo comprendió de inmediato que Taylor Swift no regresaba para pedir disculpas, sino para tomar el control del relato. El tema —una mezcla de pop industrial, sintetizadores oscuros y ritmo minimalista— inauguró una nueva era en su carrera: la de la autoconciencia como arma y la ironía como escudo.

Desde su mismo título, la canción es una declaración de intenciones. "Mira lo que me hiciste hacer" no es una súplica ni un reproche: es una advertencia. Swift no se presenta como víctima, sino como protagonista de un ajuste de cuentas simbólico con quienes intentaron apropiarse de su historia. "Durante años me dijeron que debía ser la chica amable", dijo en una entrevista con *Rolling Stone* (2019). "Esta vez decidí mostrar que también puedo ser la mujer que responde".

La letra está plagada de referencias veladas a los conflictos mediáticos que precedieron al álbum: "I don't like your kingdom keys / they once belonged to me" ("No me gustan las llaves de tu reino / antes me pertenecían"), o "Honey, I rose up from the dead, I do it all the time" ("Cariño, me levanté de entre los muertos, lo hago todo el tiempo"). Pero más allá de las alusiones personales, la canción adquiere un significado universal: la rebelión de una artista frente al poder corrosivo de la opinión pública.

En *Look What You Made Me Do*, Swift desmonta su propio mito. Si durante años fue la imagen de la "chica buena" del pop, ahora se disfraza de villana, asumiendo con ironía todos los estereotipos que la prensa había proyectado sobre ella: manipuladora, vengativa, calculadora. "The old Taylor can't come to the phone right now. Why? Oh, because she's dead" ("La vieja Taylor no puede atender el teléfono ahora. ¿Por qué? Porque está muerta"). Esa línea, convertida en una de las citas más célebres de su carrera, no representa una ruptura con su pasado, sino su exorcismo.

El videoclip, dirigido por Joseph Kahn, se erige como una obra maestra de la autorreferencialidad pop. En él, Swift aparece emergiendo de una tumba con el epitafio "Aquí yace la vieja Taylor Swift". A lo largo del video, interpreta múltiples versiones de sí misma: la adolescente con guitarra, la princesa de cuento, la diva de alfombra roja, la vengadora vestida de cuero. Cada una de estas figuras se burla de su propia caricatura mediática. En la escena final, todas las "Taylors" discuten entre sí en un aeropuerto, ridiculizando las críticas que la acusaban de falsa o de querer controlar su imagen.

"Lo que hace Taylor Swift en ese video es extraordinario", escribió Rob Sheffield en *Rolling Stone* (2017). "Se convierte en el personaje que el mundo inventó sobre ella, lo habita, y desde dentro lo destruye". Esa estrategia —tomar los insultos y devolverlos como arte— tiene una larga tradición en la cultura popular. Madonna la usó en los ochenta, Lady Gaga en la década siguiente. Pero Swift la lleva a un nuevo nivel, transformando el linchamiento digital en narrativa visual y musical.

El tono teatral del video —exagerado, casi paródico— revela que Swift no busca redención, sino reinvención. En una época donde el escándalo se consume como entretenimiento, la artista se apropia del espectáculo y lo convierte en lenguaje. "La ironía de Taylor Swift es radical", apuntó *The Atlantic* (2018). "Entiende que el siglo XXI no castiga a las figuras públicas por sus errores, sino por no ser capaces de convertirlos en historia. Y ella lo hace con maestría".

Musicalmente, *Look What You Made Me Do* se aleja del pop brillante de *1989* y adopta un sonido más oscuro, casi mecánico, con influencias de la electrónica industrial y el hip hop minimalista. El uso del sample del clásico *I'm Too Sexy* de Right Said Fred es una maniobra irónica: una artista acusada de superficialidad toma un himno hedonista de los noventa y lo transforma en un manifiesto de poder. "Nos pareció un gesto genial", confesaron los miembros del grupo británico en una entrevista con *BBC Radio* (2017). "Taylor convirtió nuestra canción en algo completamente distinto: una declaración sobre el control y la autodefinición".

Más allá del contexto mediático, *Look What You Made Me Do* puede leerse como un comentario sobre la cultura de la cancelación y el ciclo perpetuo de exposición y destrucción en las redes sociales. "Vivimos en una época donde la reputación es una moneda inestable", escribió Margaret Talbot en *The New Yorker* (2018). "Swift utiliza el pop como un laboratorio emocional para estudiar esa inestabilidad". En ese sentido, la canción funciona como espejo de su tiempo: un tiempo en que la fama ya no se mide por la admiración, sino por la intensidad del escrutinio.

Lo notable es que Swift no se limita a denunciar esa dinámica: la transforma en una narrativa empoderadora. Al convertir la "venganza" en arte, redefine el papel del artista contemporáneo: ya no como figura distante, sino como sujeto consciente del poder simbólico de su imagen. "No se trata de devolver el golpe", explicó Swift en una entrevista con *Elle* (2019). "Se trata de no permitir que te borren. Si te derriban, escribe la historia tú misma".

Look What You Made Me Do fue, así, más que un single: fue un acto de subversión. Representó el momento en que Taylor Swift comprendió que no podía controlar lo que el mundo decía de ella, pero sí podía controlar el modo en que respondía. Con humor, con inteligencia y con una teatralidad precisa, convirtió la burla en estética y el desprecio en triunfo.

En una cultura obsesionada con el escándalo, Swift demostró que la venganza más poderosa no es destruir al otro, sino sobrevivirle. Y lo hizo con una sonrisa apenas contenida, sabiendo que, en el fondo, la vieja Taylor no había muerto del todo: simplemente había aprendido a escribir desde las sombras.

La serpiente como símbolo del renacer

Pocas veces un insulto se ha transformado con tanta fuerza en un emblema de poder como ocurrió con la serpiente en la era *Reputation*. Lo que comenzó como un gesto de desprecio —un emoji usado para atacar a Taylor Swift durante su linchamiento mediático en 2016— terminó convertido en su símbolo de resurrección. La serpiente, tradicionalmente asociada con la traición, el pecado y la caída, se volvió para Swift el signo de su metamorfosis: el animal que muda de piel para sobrevivir.

El origen de esta apropiación simbólica fue tan público como humillante. En julio de 2016, tras la difusión del video manipulado por Kim Kardashian que supuestamente "desmentía" a

Swift en su disputa con Kanye West, miles de usuarios comenzaron a inundar sus redes sociales con emojis de serpiente. El gesto, repetido hasta el agotamiento, buscaba reducirla a un arquetipo: la mujer falsa, manipuladora, mentirosa. La artista, enfrentada a una ola de odio digital sin precedentes, desapareció del espacio público. Pero su silencio, lejos de ser derrota, fue incubación.

Cuando un año más tarde anunció su regreso con el teaser del álbum *Reputation*, la primera imagen que publicó en sus redes fue precisamente la de una serpiente deslizándose en la oscuridad. Sin texto, sin explicación. El mensaje era inequívoco: Swift no solo había sobrevivido, sino que había decidido reapropiarse del símbolo con el que intentaron destruirla. "Si van a llamarme serpiente —dijo en una entrevista con *Time* (2017)—, entonces lo seré, pero a mi manera. La serpiente es sabia, paciente, sabe cuándo atacar y cuándo permanecer inmóvil".

El gesto era profundamente mitológico. Desde las civilizaciones antiguas, la serpiente ha representado la dualidad: muerte y renacimiento, sabiduría y peligro, veneno y curación. En la tradición egipcia, el dios serpiente Mehen protegía a Ra durante su viaje nocturno por el inframundo. En la tradición griega, la serpiente enroscada en el bastón de Asclepio simbolizaba la medicina y la renovación. Swift, consciente o no de ese linaje simbólico, inscribía su propia caída y resurrección en esa genealogía milenaria.

En *Reputation*, la serpiente es más que un motivo visual: es la metáfora central de su narrativa. Aparece en los videoclips, en el diseño escénico de los conciertos, en la iconografía del álbum y en la propia estructura de las canciones. *I Did Something Bad* y *Don't Blame Me* resuenan con esa energía reptil: el tono desafiante, el ritmo hipnótico, la voz que se arrastra entre el deseo y la furia. "Taylor canaliza la simbología de la serpiente como figura femenina arcaica: no la mujer sumisa del mito cristiano, sino la diosa que conoce el poder de su propio veneno", escribió *The Guardian* (2018).

Durante la gira mundial *Reputation Stadium Tour*, la serpiente adquirió su forma definitiva: una criatura gigantesca de casi veinte metros de largo que emergía desde el escenario con luces verdes y un rugido metálico. Swift la bautizó "Karyn", en un gesto de humor que humanizaba al monstruo. "La serpiente fue mi forma de recordar que incluso lo que usaron para humillarme podía ser hermoso", explicó en una entrevista con *Elle* (2019). "Cada vez que la veía elevarse, sentía que estaba tomando de vuelta mi voz".

El público entendió ese mensaje. Los fans comenzaron a llevar tatuajes temporales de serpientes, collares y camisetas con el emblema del reptil. En redes, el emoji que había sido arma de odio se convirtió en insignia de orgullo. "Fue una lección colectiva de reapropiación simbólica", escribió *Pitchfork* (2018). "Taylor Swift enseñó a toda una generación que la narrativa no se destruye: se reescribe".

La serpiente de *Reputation* no representa la malicia, sino la metamorfosis. Muda su piel porque el pasado ya no le sirve. Deja atrás la inocencia de *Fearless*, la nostalgia de *Red* y la luminosidad de *1989* para adentrarse en una etapa más compleja, donde el control y la vulnerabilidad coexisten. "En la naturaleza, la serpiente sobrevive porque sabe cuándo desaparecer", observó *The New York Times* (2017). "Swift hizo lo mismo: desapareció para renacer más fuerte".

Ese proceso tiene resonancias feministas profundas. En una industria donde las mujeres son constantemente juzgadas, Swift convirtió su "cancelación" en un acto de resistencia simbólica. Al adoptar la serpiente —figura demonizada por la tradición bíblica como origen del pecado femenino—, la artista subvierte el relato: la mujer que habla no es la que engaña, sino la que revela. "Swift transforma a Eva en su ancestro espiritual", escribió la ensayista Roxane Gay en *Vogue* (2019). "Su pecado es atreverse a conocer, a responder, a no aceptar el silencio".

El poder de esa metáfora se extiende más allá del ámbito personal. La serpiente de Swift se ha convertido en una figura generacional: un recordatorio de que el desprecio puede transformarse en fuerza creadora. En su espectáculo final de la gira, antes de entonar *Long Live*, Swift se dirigió al público con una frase que resumía toda su filosofía de renacimiento: "Podrán decir muchas cosas de ti, pero no pueden decidir quién eres. Solo tú sabes qué hacer con lo que te hicieron".

La serpiente, entonces, no es un símbolo de venganza, sino de sabiduría. No muerde por odio, sino para defender su territorio. En su piel renovada, Taylor Swift se muestra más consciente, más fuerte y más dueña de su arte que nunca. Y al hacerlo, convierte la herida en signo, la humillación en arte y el insulto en poder.

Con *Reputation*, la artista entendió que en el siglo XXI la redención no consiste en limpiar la imagen, sino en dominarla. Y así, en el corazón de su era más oscura, Taylor Swift encontró su emblema más luminoso: una serpiente que, al deslizarse, no se arrastra, sino que danza.

Cómo Taylor transforma el linchamiento mediático en narrativa

Pocas artistas han sabido convertir la humillación pública en una obra de arte con la lucidez y la audacia de Taylor Swift. Cuando en 2016 el engranaje mediático se volvió en su contra, parecía que asistíamos al fin de una era: la de la joven prodigio que había conquistado el mundo desde una guitarra y un diario íntimo. La difusión del video manipulado por Kim Kardashian, las burlas en redes, los titulares que la retrataban como "calculadora" o "falsa" y los emojis de serpiente inundando sus perfiles marcaron una suerte de muerte simbólica. Swift se convirtió, por unos meses, en una figura proscrita del pop. Pero ese linchamiento no fue su final, sino el punto de partida de una de las narrativas más poderosas de la cultura contemporánea: la de una mujer que transforma la vergüenza en mito, el escarnio en discurso y la herida en escritura.

Durante aquel verano, mientras internet se regodeaba en su caída, Taylor optó por el silencio. No publicó, no respondió, no pidió disculpas. Su ausencia fue su primera forma de resistencia. En un mundo donde el ruido constante define la existencia pública, callar fue un acto de poder. "Cuando todo el mundo habla de ti, el único gesto que te pertenece es el silencio", diría más tarde en *Miss Americana* (2020). Ese silencio, sin embargo, no fue vacío: fue tiempo de observación, de reelaboración y de escritura. En la sombra, Swift estaba componiendo la historia de su propia destrucción.

El resultado fue *Reputation*, un álbum concebido como un espejo roto de la fama, donde cada fragmento devuelve una versión distinta de la artista que los medios habían desfigurado. Swift comprendió que no podía desmentir a la prensa ni borrar los titulares; lo único que podía hacer era narrarlos desde su propio lenguaje. "Mataron a la narradora, pero olvidaron que podía escribir desde la tumba", pareció decir con ironía en "Look What You Made Me Do". Esa canción, con su tono teatral y vengativo, no fue una venganza contra nadie en particular, sino contra la lógica del espectáculo que exige mujeres dóciles y arrepentidas. Swift se negó a pedir perdón por su ambición, su poder o su control. En lugar de limpiar su imagen, la ensució con propósito artístico.

El linchamiento se convirtió así en material literario. En sus letras, las acusaciones se transforman en símbolos: la villana, la bruja, la reina caída. Cada personaje encarna una faceta del relato público que intentó devorarla. "I don't trust nobody and nobody trusts me", canta, y la frase suena menos como una confesión que como un diagnóstico de la fama digital. Swift convierte la hostilidad mediática en alegoría del siglo XXI: un ecosistema donde la reputación se construye y destruye en cuestión de segundos, y donde la verdad importa menos que la narrativa dominante.

La clave de su transformación reside en la apropiación del relato. Swift no niega su pasado, lo reinscribe. Toma el lenguaje de sus detractores —la serpiente, la falsa, la calculadora— y lo convierte en materia poética. En el videoclip de "Look What You Made Me Do", se enfrenta a sus versiones pasadas: la Taylor del *Fearless Tour*, la de *You Belong With Me*, la del vestido de princesa. Todas discuten entre sí, todas reclaman autenticidad. Es una escena que resume su tesis: la identidad femenina en la era mediática es una multiplicidad de máscaras impuestas por otros. La artista decide reunirlas no para reconciliarlas, sino para exponer su artificio. Lo que para los medios era una "farsa", para ella se volvió una obra de autorreflexión sobre el poder y la percepción.

En este proceso, Taylor Swift reveló una comprensión excepcional de la narrativa como herramienta de supervivencia. En la mitología contemporánea del entretenimiento, el linchamiento digital es el nuevo ritual de purificación: se destruye una figura pública para reafirmar la moral colectiva. Swift comprendió el mecanismo y lo utilizó como materia prima. "Sabía que me estaban contando una historia —declaró a *Elle* en 2019—, así que decidí escribir la mía antes de que terminaran la suya". En esa frase se condensa la esencia de su resiliencia: no responder con ira, sino con estructura; no con gritos, sino con relato.

El álbum *Reputation* es, en este sentido, un texto de reconstrucción. Cada canción funciona como un capítulo de redención artística, una relectura simbólica de la caída. *Delicate* muestra la vulnerabilidad detrás del personaje; *Call It What You Want* expresa la serenidad de quien ha comprendido que el amor —propio y ajeno— no depende de la aprobación pública. Swift convierte el discurso del escándalo en introspección. Donde otros vieron derrota, ella encontró lenguaje. Donde otros vieron destrucción, ella halló narración.

Lo que en 2016 fue un linchamiento mediático terminó siendo una lección de control narrativo sin precedentes. Swift demostró que la verdadera venganza no es destruir al enemigo, sino transformar el daño en sentido. Su arte no se construye desde el rencor, sino desde la autoría. En la era de las redes, donde todos narran a todos, Taylor recordó que solo quien escribe su historia tiene poder real sobre ella.

Al final, su resurrección no consistió en limpiar su reputación, sino en habitarla. *Reputation* no pide comprensión: exige lectura. Cada verso, cada gesto, cada serpiente que se arrastra en la oscuridad es una afirmación de dominio. Swift comprendió que el relato del linchamiento no podía borrarse, pero sí podía reescribirse. Y al hacerlo, convirtió el ruido en voz, la humillación en arte y el escarnio en una de las narrativas más fascinantes del pop moderno.

CAPÍTULO 8:

LOVER: EL RETORNO A LA LUZ

La reconciliación con el público

Después de la oscuridad catártica de *Reputation*, Taylor Swift emergió a la superficie con una nueva paleta emocional y estética. Si aquel disco había sido su descenso a los infiernos mediáticos, *Lover* (2019) fue el amanecer posterior a la tormenta: un manifiesto de reconciliación, no solo con el público, sino consigo misma. Con él, la artista cambió el tono, la temperatura y la luz de su universo creativo. Donde antes había serpientes, sombras y tonos metálicos, ahora aparecían corazones pastel, arcoíris y una ternura casi luminosa. Era el retorno de la voz confesional, pero también la madurez de una narradora que había aprendido a sobrevivir al odio y a convertir el perdón —propio y ajeno— en una forma de arte.

Swift entendió que la reconciliación no podía ser un simple regreso a la inocencia perdida. *Lover* no busca borrar el pasado, sino integrarlo. En sus canciones, la artista asume que la herida de la exposición no desaparece, pero puede resignificarse. "We are what we love, not what broke us", escribió en una entrevista para *Elle* (2019), frase que resume la filosofía del álbum. Tras haber sido demonizada, juzgada y ridiculizada, Swift decide presentarse sin máscaras, con una honestidad que se siente casi doméstica. La furia de *Reputation* se disuelve en una melancolía serena, una especie de paz conquistada.

Desde los primeros acordes de "I Forgot That You Existed", la artista se permite reírse de aquello que antes la consumía. Es un gesto de ironía liberadora: no el olvido, sino la indiferencia. Taylor convierte el resentimiento en ligereza, la revancha en distancia. "Fue el momento en que dejé de dar explicaciones", diría más tarde en una charla con *Rolling Stone* (2019). Esa ligereza no es superficial; es la expresión de una mujer que ya no necesita justificar su fuerza ni su vulnerabilidad.

El disco entero está atravesado por un tono de renacimiento afectivo. "Lover", la canción que da título al álbum, es una declaración de amor madura, casi nupcial, donde la voz se desprende del artificio para recuperar la intimidad. "I've loved you three summers now, honey, but I want 'em all" no es solo una línea romántica, sino un acto de afirmación: después del caos, la artista encuentra estabilidad, no en la aprobación del público, sino en el amor elegido, en el espacio privado que había aprendido a proteger. Ese giro desde lo público hacia lo íntimo define la esencia del álbum: la reconstrucción de la confianza, no solo en los otros, sino en la posibilidad de volver a ser escuchada sin el filtro del escándalo.

Visualmente, *Lover* es la antítesis de *Reputation*. Los tonos oscuros y metálicos dejan paso a los rosas, lilas y azules vaporosos; los trajes de cuero y la escenografía gótica se transforman en vestidos de encaje, cielos de algodón y universos de luz. El cambio no es solo estético: es emocional. Taylor utiliza el color como lenguaje simbólico para expresar la transición del miedo a la serenidad. "Después de años sintiendo que vivía bajo un reflector hostil, necesitaba construir mi propio sol", confesó en una entrevista con *Vogue* (2019).

La reconciliación con el público también implicó un cambio de tono político y social. Swift, hasta entonces reservada en cuestiones ideológicas, decidió usar su voz para defender abiertamente los derechos LGTBIQ+ y la igualdad de género. Canciones como "You Need to Calm Down" mezclan el pop más colorido con un mensaje inclusivo y militante. En su videoclip, un desfile de artistas queer, activistas y celebridades (Ellen DeGeneres, Laverne Cox, Billy Porter) transforman el gesto festivo en un himno de respeto. Por primera vez, la artista tomaba una postura pública sin miedo a las consecuencias. "Durante mucho tiempo pensé que debía ser políticamente neutral para no perder a mi público", dijo en *Miss Americana*. "Pero comprendí que el silencio también es una elección, y una que ya no podía seguir haciendo".

El público respondió con una mezcla de sorpresa y gratitud. *Lover* debutó con récords de venta, pero lo más importante fue el cambio en la percepción colectiva. La artista que había sido tachada de calculadora se convirtió en símbolo de autenticidad. Las multitudes que la habían cancelado la abrazaron de nuevo, reconociendo en su música una evolución emocional compartida. Swift no volvió siendo la misma; volvió mejor. Su reconciliación no fue una súplica de aceptación, sino un pacto nuevo con quienes la habían seguido incluso en el silencio.

La crítica también leyó *Lover* como un punto de inflexión. *The Guardian* escribió que "Swift recupera la voz sin gritar; vuelve al diálogo con el público, pero desde un lugar más sabio". *Pitchfork*, por su parte, destacó la madurez lírica del álbum: "Si *Reputation* fue el espejo roto, *Lover* es el reflejo reconstruido con sus grietas intactas". Swift no pretende ser perfecta; se muestra humana, consciente de su historia y de su poder narrativo.

En el escenario, esa reconciliación se hizo tangible. Los conciertos de la era *Lover* se llenaron de luz y complicidad. El público coreaba cada palabra como si fuera una carta personal, un testimonio compartido de redención. En ellos, Swift parecía menos una estrella distante que una narradora acompañada por su comunidad. "Durante años sentí que debía ganarme el perdón del mundo", dijo en su gira. "Hoy solo quiero celebrarlo".

Lover es, en última instancia, la crónica de un reencuentro: entre la artista y su audiencia, entre la fama y la autenticidad, entre la herida y la esperanza. Taylor Swift comprendió que la reconciliación no llega con el olvido, sino con la comprensión. En lugar de borrar el pasado, decidió escribir sobre él con ternura. Y así, con un corazón en la mano y una pluma en la otra, devolvió la luz a su propio relato, demostrando que incluso después del linchamiento y la oscuridad, siempre hay un modo de volver a amar —y de ser amada— desde la verdad.

Amor, identidad y feminismo en sus letras

En *Lover*, Taylor Swift deja atrás la coraza de hierro de *Reputation* para ofrecer un retrato más íntimo y expansivo de sí misma, en el que el amor no es ya un campo de batalla, sino un espacio de autoconocimiento. El álbum, atravesado por una sensibilidad luminosa, convierte lo sentimental en una forma de reflexión sobre la identidad femenina y el poder de narrarse desde dentro. Por primera vez, Swift no canta desde la herida ni desde la defensa, sino desde la conciencia de haber sobrevivido. Y en ese nuevo territorio, el amor se transforma en un acto político: amar, y hacerlo sin miedo, se convierte en una declaración de autonomía.

Desde el inicio, la artista redefine el lenguaje amoroso. En sus primeros discos, el amor era promesa, drama o desengaño; en *Lover*, es elección y madurez. Canciones como "Paper Rings", "Daylight" o "Cornelia Street" celebran la cotidianidad como una forma de plenitud: la convivencia, los gestos simples, los pequeños rituales compartidos. "No necesito un anillo de diamantes, solo los tuyos de papel", canta, y detrás de la imagen lúdica hay una afirmación rotunda: el amor ya no se mide por los símbolos tradicionales, sino por la autenticidad del vínculo. Swift, que fue durante años reducida a la caricatura de "la chica que escribe sobre sus exnovios", subvierte esa lectura con inteligencia: escribe sobre el amor porque lo ha convertido en su campo de exploración artística, emocional y filosófica.

Esa madurez se refleja también en su visión de la identidad. *Lover* no es un álbum sobre el otro, sino sobre el yo que se reconstruye después del caos. "The Archer", una de las canciones más introspectivas del disco, funciona como una meditación sobre la dualidad entre vulnerabilidad y fortaleza. "I wake in the night, I pace like a ghost," confiesa, en una línea que resume la ansiedad de quien ha vivido demasiado tiempo bajo la mirada pública. Pero esa confesión no es debilidad: es el acto de una mujer que se atreve a mirar sus propias grietas. Swift convierte su fragilidad en parte esencial de su identidad artística. Como señaló *The New York Times* (2019), "Lover muestra a una Swift reconciliada con sus sombras; no las combate, las integra en la luz".

El feminismo en *Lover* no se expresa mediante consignas, sino a través de la narrativa. En "The Man", Swift ofrece uno de sus gestos más contundentes: un himno satírico que imagina cómo sería su carrera si hubiera nacido hombre. "If I was a man, then I'd be the man", repite con ironía, desmontando la doble moral que juzga de modo distinto la ambición femenina. El videoclip, dirigido por ella misma, la muestra transformada en un ejecutivo arrogante que encarna todos los privilegios masculinos. Es una pieza de arte pop que combina crítica y humor, y que sintetiza su evolución: ya no se limita a contar su historia personal, sino que la enmarca dentro de una reflexión sobre género y poder. "Durante años me hicieron sentir culpable por ser ambiciosa —dijo en una entrevista con *Vogue*—. Ahora sé que la ambición femenina no es un defecto, sino una forma de resistencia."

Esa resistencia se extiende a toda la poética del álbum. Swift no escribe desde la revancha ni desde el victimismo, sino desde la serenidad de quien ha tomado posesión de su voz. Cada verso es una afirmación de control sobre su propia narrativa. En "You Need to Calm Down", reivindica el derecho a la diversidad y la igualdad con el tono desenfadado del pop más colorido; en "Afterglow", muestra el poder del perdón y la autocrítica como herramientas de crecimiento emocional. Incluso en las canciones más románticas, el yo lírico no se disuelve en el otro: se reafirma en su individualidad. "I'm the one I've been waiting for", sugiere, implícitamente, en cada acorde.

El álbum articula, de ese modo, una nueva concepción del amor femenino en la cultura popular. No el amor como dependencia o validación, sino como un ejercicio de libertad. "Lover" es la metáfora de una mujer que ya no espera ser elegida: elige. Esa reescritura del relato amoroso tiene una dimensión cultural profunda. En un panorama musical donde las artistas suelen ser interpretadas a través de los hombres con los que se relacionan, Swift construye una narrativa donde el amor no eclipsa la identidad, sino que la amplifica. "Por primera vez —escribió *The Guardian* (2019)—, Taylor Swift canta sobre el amor sin pedir permiso para ser ella misma".

El feminismo de *Lover* no es panfletario, sino cotidiano: se manifiesta en los detalles, en los gestos de ternura, en la afirmación de lo íntimo como territorio político. Swift demuestra que el amor puede ser un espacio de emancipación, siempre que se viva desde la conciencia y la igualdad. "I once believed love would be burning red, but it's golden," canta en "Daylight", aludiendo a su propia evolución desde *Red* hasta esta nueva etapa. Ese oro no es ostentación, sino sabiduría: la luz templada de quien ha aprendido que amar no significa perderse, sino encontrarse.

En *Lover*, Taylor Swift reconcilia las dos fuerzas que han marcado su trayectoria: la emoción y la autoría. El amor se convierte en una extensión de su voz, no en su límite. Y en ese equilibrio entre ternura y poder, la artista firma uno de sus manifiestos más silenciosos y profundos: el de una mujer que ya no necesita defender su lugar, porque lo ha conquistado con la más sutil de las armas —la palabra.

Una nueva estética del color y la esperanza

Con *Lover*, Taylor Swift inauguró un universo visual y emocional que parecía el reverso exacto de la era *Reputation*. Si aquella había sido oscura, metálica y serpentina, *Lover* estalla en una sinfonía de tonos pastel, cielos rosados y luces difusas que evocan una suerte de renacimiento cromático. Era como si la artista hubiera decidido pintar de nuevo su mundo, capa por capa, borrando el gris de la desconfianza para sustituirlo por una paleta que hablaba de reconciliación, ternura y esperanza. Esa estética no fue un mero adorno visual, sino un lenguaje simbólico con el que Swift expresó su recuperación interior: el tránsito del miedo a la serenidad, de la batalla a la calma.

Desde la portada del álbum —con su tipografía cursiva, su cielo en degradé y el corazón pintado en el rostro— hasta los videoclips que lo acompañan, todo en *Lover* parece respirar un aire de amanecer. Los tonos predominantes son el rosa empolvado, el lila y el azul celeste: colores asociados tradicionalmente con la inocencia, la empatía y el sosiego. "Después de años viviendo bajo una tormenta eléctrica, necesitaba volver al color", dijo Swift en una entrevista con *Vogue* (2019). "*Lover* era mi forma de recordar que la luz también puede ser un acto de resistencia".

Esa afirmación condensa el espíritu del disco. En un contexto cultural dominado por la ironía y el cinismo, Swift se atreve a reivindicar la pureza emocional sin miedo al sentimentalismo. Donde otros artistas buscan el impacto, ella busca el resplandor. Canciones como "Daylight" o "ME!" son auténticas declaraciones visuales: su música parece pintada con acuarelas. En *Daylight*, por ejemplo, el paso de la oscuridad al color dorado simboliza el despertar de una nueva conciencia. "I once believed love would be burning red, but it's golden," canta, aludiendo a su evolución desde *Red* (2012): el fuego impetuoso de la pasión ha cedido ante la luz cálida de la serenidad. El rojo se transforma en oro, la herida en sabiduría.

En el videoclip de "ME!", Swift lleva este lenguaje cromático al extremo: un estallido visual de paraguas multicolores, serpientes que se disuelven en mariposas y nubes de algodón que parecen flotar en un sueño technicolor. Es el triunfo del color sobre el veneno, la afirmación de la belleza frente a la agresión. "Quería construir un mundo donde el color fuera sinónimo de libertad", explicó en *Entertainment Weekly* (2019). La mariposa, figura recurrente en la iconografía de *Lover*, cumple aquí el mismo papel que la serpiente en *Reputation*: símbolo de transformación.

Si la serpiente muda su piel para sobrevivir, la mariposa rompe su crisálida para volar.

El color, en esta etapa, se convierte en una forma de lenguaje moral. Swift lo utiliza para narrar su propio proceso emocional, pero también para ofrecer una respuesta estética al desencanto contemporáneo. Frente a una cultura saturada de ironía y oscuridad, su propuesta es una estética de la luz. "Mostrar vulnerabilidad en un mundo que se alimenta del sarcasmo es un acto de valentía", escribió *The Guardian* (2019). Swift elige el color no como decorado, sino como afirmación de posibilidad. Cada tono pastel es un manifiesto en defensa de la ternura, un recordatorio de que la esperanza aún puede ser moderna.

En el plano escénico, esa visión se materializa con precisión poética. En sus presentaciones en vivo, los fondos de neón y los efectos lumínicos crean una atmósfera etérea donde la artista se muestra menos como una diva y más como una narradora de sueños. Los conciertos de la era *Lover* están concebidos como celebraciones comunitarias: un festival de color donde el público se convierte en parte de la composición visual. En ellos, la música, el vestuario y la iluminación convergen en una misma estética emocional. Todo parece diseñado para recordar que después del ruido y la tormenta, aún puede existir la belleza.

Pero más allá del color literal, lo que *Lover* propone es una estética de la esperanza. En la trayectoria de Swift, este álbum representa la aceptación de la imperfección, la renuncia al control absoluto, la gratitud hacia lo vivido. Su luminosidad no es ingenua: es el resultado de haber atravesado la sombra. Por eso, la esperanza que irradia no es la del optimismo vacío, sino la de quien conoce la oscuridad y decide, aun así, mirar hacia el amanecer. "You are what you love," canta en *Daylight*, y en esa línea sencilla late toda una filosofía vital: somos lo que elegimos cuidar, lo que decidimos mirar con amor, incluso cuando el mundo insiste en lo contrario.

Lover es, en definitiva, la etapa en la que Taylor Swift aprende que la luz también puede ser radical. En una industria que premia el escándalo y la provocación, ella elige el color, la calma y la empatía como formas de resistencia estética. Lo hace con la conciencia de quien ha pasado por el fuego y regresa para pintar su mundo con los tonos de la reconciliación. Su esperanza no es ingenua ni decorativa: es una postura ética y artística. Swift enseña que, a veces, el gesto más revolucionario consiste en volver a creer en la belleza, y hacerlo con los ojos abiertos.

La artista como portavoz del cambio generacional

En la era *Lover*, Taylor Swift consolidó algo más que un regreso triunfal a la luz: se erigió como portavoz simbólica de una generación que creció acompañada por su música y que aprendió, a través de ella, a reconciliar la emoción con la conciencia social. Con su madurez artística, la cantante dejó de ser solo una narradora de amores y desamores para transformarse en una figura de referencia cultural, una voz que articula las tensiones, aspiraciones y valores de los jóvenes del siglo XXI. Si en sus inicios había encarnado la vulnerabilidad adolescente, ahora representaba la madurez empática, el poder del discurso propio y la responsabilidad de usar la fama como plataforma de cambio.

Swift entendió que su influencia podía tener un alcance mayor que el de la industria musical. En *Lover* y en sus apariciones públicas posteriores, la artista comenzó a expresar con claridad su visión sobre temas que antes había evitado: el feminismo, los derechos de las minorías, la política y el impacto de las redes sociales en la identidad. En *Miss Americana* (2020), el documental de Netflix que retrata su transición personal y artística, se muestra la toma de conciencia de una mujer que decide dejar de agradar para empezar a hablar. "Durante años pensé que debía ser una chica buena, que no incomodara a nadie", dice en una escena. "Ahora sé que el silencio también puede ser una forma de complicidad". Esa afirmación marcó el paso de la neutralidad a la acción, del entretenimiento al compromiso.

Desde entonces, Swift ha asumido su papel como cronista emocional y moral de su tiempo. En un mundo saturado de mensajes efímeros, ella utiliza su música como espacio de reflexión colectiva. Canciones como *The Man*, *You Need to Calm Down* o *Only the Young* son ejemplos de cómo el pop puede convertirse en vehículo de conciencia cívica y empoderamiento. En ellas, Swift no adoctrina: conversa, propone, ilumina. Su discurso combina la sensibilidad con la inteligencia, y esa mezcla la vuelve creíble incluso para quienes no comparten todas sus posturas. "Taylor Swift se ha convertido en la brújula emocional de una generación", escribió *The Washington Post* (2020). "Habla el idioma del afecto, pero con la lucidez de quien ha aprendido a pensar políticamente desde la empatía."

El fenómeno *Lover* coincidió con un momento de redefinición cultural: el auge del activismo digital, el feminismo de la cuarta ola y la creciente necesidad de autenticidad en la esfera pública. Swift, siempre atenta a los signos de su tiempo, supo encarnar ese cambio sin impostura. Su discurso sobre la importancia del amor propio, la sororidad y la aceptación de la diversidad resonó especialmente entre las generaciones jóvenes, que vieron en ella una figura capaz de combinar emoción y pensamiento crítico. En un contexto donde muchas estrellas se refugian en la neutralidad para evitar polémicas, Swift decidió comprometerse, y ese gesto la elevó a un nuevo rango simbólico: el de artista-ciudadana.

Su voz adquirió una dimensión particularmente significativa en el ámbito del feminismo.

Swift no solo denunció las desigualdades estructurales del mundo del espectáculo —como la lucha por los derechos de autor y el control de los másteres—, sino que se convirtió en un ejemplo de independencia creativa. La regrabación de sus discos, bajo la etiqueta *Taylor's Version*, fue leída como un acto de soberanía y resistencia, una lección práctica sobre el derecho de las mujeres a poseer su propio trabajo. "Taylor Swift ha logrado que una generación entienda el feminismo no como teoría, sino como experiencia concreta de autonomía", escribió *The Guardian* (2021).

Pero su papel como portavoz generacional no se limita al ámbito ideológico. Swift encarna, ante todo, una ética emocional: la reivindicación de la sensibilidad como forma de fortaleza. En una cultura que glorifica la ironía, ella ha defendido la sinceridad. En una era que premia la inmediatez, ha reivindicado la narrativa larga, el álbum como obra completa, la canción como relato. En su universo, la emoción deja de ser algo que se sufre para convertirse en algo que se comparte. Por eso sus fans —los *Swifties*— no solo la escuchan: dialogan con ella. Cada lanzamiento, cada gira, cada pista oculta en sus letras se transforma en un acontecimiento colectivo, una experiencia intergeneracional de lectura y pertenencia.

En *Lover*, esa conexión alcanza un matiz casi espiritual. La artista ya no habla solo por sí misma, sino como portavoz de un "nosotros" difuso pero reconocible: el de quienes buscan autenticidad en medio del ruido. Su mensaje es sencillo pero radical: el amor —en todas sus formas— puede ser una fuerza transformadora. Swift lo propone no como un sentimiento pasivo, sino como un gesto activo de empatía, una manera de resistir la dureza del mundo. "Choose love, always," escribió en una publicación durante la gira. En esa frase caben tanto la artista como la generación que la sigue: una generación que ha aprendido, gracias a su música, que la ternura también puede ser una forma de revolución.

Así, Taylor Swift se alza como la voz que traduce los dilemas contemporáneos —la identidad, la fama, la vulnerabilidad, el poder, la redención— en un lenguaje accesible y poético. Su música se ha convertido en un espejo emocional del siglo XXI. En ella, una generación entera ha encontrado la manera de narrarse y reconocerse. Y en esa narración compartida, Taylor Swift no solo canta: interpreta, articula y acompaña el cambio. Por eso, más que una estrella del pop, se ha vuelto un símbolo cultural. Su verdadero legado no será solo musical, sino generacional: haber enseñado que, incluso en los tiempos más inciertos, la esperanza y la autenticidad siguen siendo nuestras formas más luminosas de resistencia.

CAPÍTULO 9.

FOLKLORE Y EVERMORE: EL GIRO LITERARIO

La pandemia y el retiro creativo

El 2020 fue, para el mundo entero, un año de clausura. Pero para Taylor Swift, aquella pausa forzada por la pandemia se convirtió en una inesperada oportunidad de introspección y renacimiento artístico. Acostumbrada a las giras multitudinarias, a los reflectores y a la constante exposición mediática, la artista se encontró, por primera vez en más de una década, ante el silencio. No había estadios, ni cámaras, ni alfombras rojas; solo una casa, un piano, una guitarra y el tiempo suspendido. En ese aislamiento —que para otros significó parálisis— Swift halló el espacio para reinventarse. Así nacieron *Folklore* y *Evermore*: dos discos gemelos, escritos en el corazón de la quietud, que marcaron el giro más literario y contemplativo de toda su carrera.

El retiro creativo de Swift fue un regreso a la esencia. Privada del espectáculo y liberada de la maquinaria de la fama, volvió a escribir con la misma intimidad con la que lo hacía de adolescente, cuando sus canciones eran fragmentos de diario y confesión. "Por primera vez en años no tenía un calendario, no tenía un plan", explicó en una entrevista para *Rolling Stone* (2020). "Solo tenía historias que necesitaban ser contadas". En esa frase late la idea que define esta nueva etapa: la escritura como refugio, la música como un acto de supervivencia emocional.

El contexto pandémico, con su atmósfera de incertidumbre global, llevó a Swift a mirar hacia adentro y hacia atrás. *Folklore*, publicado por sorpresa en julio de 2020, no responde al impulso comercial del pop, sino a una necesidad de narrar lo invisible. Es un disco de voces en susurro, de pianos que parecen venir desde otra habitación, de melodías que evocan el rumor del bosque. Cada canción se despliega como un cuento breve, una postal de melancolía o una confesión disfrazada de ficción. *Evermore*, lanzado apenas cinco meses después, prolonga ese universo: la artista escribe como una novelista que no quiere cerrar el libro, expandiendo los hilos narrativos y emocionales de su predecesor.

El aislamiento la llevó a colaborar de manera inédita. Desde su casa, a través de videollamadas y grabaciones caseras, Swift trabajó con Aaron Dessner (de The National), Jack Antonoff y Justin Vernon (Bon Iver). Aquella forma de creación remota, íntima y silenciosa, contrasta con la grandiosidad de sus producciones anteriores. Lo que antes era coreografía y espectáculo, ahora se convierte en contemplación. "La soledad me permitió escucharme sin ruido alrededor", dijo en *Entertainment Weekly* (2020). Esa escucha interior dio lugar a un sonido nuevo: el indie folk con tintes de minimalismo, donde la voz se vuelve confidencia y el relato, literatura.

En este retiro involuntario, Taylor Swift descubrió otra manera de existir como artista: sin escenario, sin maquillaje, sin espectáculo. "Aprendí que mi identidad no depende de los aplausos", confesó en *Long Pond Studio Sessions*, el documental que acompaña a *Folklore*. "Puedo ser música incluso en silencio". La frase tiene resonancias casi monásticas. Swift, siempre asociada al exceso del pop, encontró en la austeridad del confinamiento una nueva pureza creativa. Como los escritores que se retiran a la montaña para pensar su obra, ella convirtió el encierro en un laboratorio de imaginación y palabra.

La pandemia no solo transformó su método, sino también su mirada. En lugar de escribir sobre sí misma, comenzó a inventar personajes, a explorar voces ajenas: la mujer que espera un amor imposible en "august", el triángulo adolescente de "betty" y "cardigan", el crimen pasional de "no body, no crime". Swift dejó de ser la protagonista para convertirse en narradora, en autora total. En ese gesto hay una madurez literaria: la conciencia de que la experiencia personal puede transmutarse en ficción sin perder verdad. *Folklore* y *Evermore* son, en ese sentido, su salto de la autobiografía al arte narrativo.

La pandemia, que detuvo el tiempo para millones, fue para Taylor Swift una pausa fértil. En medio del miedo y la incertidumbre, la artista escribió su obra más introspectiva, más poética y más libre. *Folklore* y *Evermore* no nacieron de la euforia ni del cálculo, sino del silencio y la observación. Son los discos de una mujer que, por fin, se permitió no estar en todas partes, sino en sí misma. Y desde ese lugar de quietud y recogimiento, Swift volvió a demostrar que la creación no siempre brota de la multitud, sino, muchas veces, del aislamiento donde se escucha la voz más clara: la de la autora.

De lo confesional a lo narrativo: personajes, ficciones y poesía

Con *Folklore* y *Evermore*, Taylor Swift dio un paso inesperado —y profundamente significativo— en su evolución artística: abandonó el tono confesional que había definido gran parte de su obra para internarse en el territorio de la ficción, la narración y la poesía. Durante más de una década, el público se había acostumbrado a leer sus letras como páginas de un diario íntimo; cada verso era una ventana a sus emociones, cada historia de amor o ruptura parecía reflejar un episodio de su vida. Sin embargo, en los álbumes concebidos durante la pandemia, Swift decidió romper ese pacto autobiográfico y escribir desde la invención. Dejó de hablar de sí misma para dar voz a otros: personajes reales, imaginarios o difusos que habitan un universo literario propio.

Esta transición no fue un abandono de la sinceridad, sino su ampliación. Swift comprendió que la verdad emocional no depende de la literalidad biográfica. "Encontré libertad en crear mundos que no eran míos", explicó en una entrevista con *Rolling Stone* (2020). "Al escribir sobre otras personas, podía expresar sentimientos que quizá no me atrevía a reconocer directamente". Así, su escritura se volvió más introspectiva y, paradójicamente, más universal. La artista ya no es la protagonista única, sino la narradora que observa, interpreta y da forma al misterio humano.

En *Folklore*, los personajes aparecen como fragmentos de una novela coral. Hay triángulos amorosos que se entrelazan en distintas canciones —Betty, James y Augustine—, fantasmas que recuerdan su vida terrenal ("the last great American dynasty"), y mujeres que desafían la memoria o el deseo ("mad woman", "the 1", "my tears ricochet"). Cada uno de ellos habla con una voz propia, pero todos comparten un tono común: la melancolía de lo que fue y no puede volver. Swift se convierte en cronista del sentimiento, heredera de una tradición literaria que va de Emily Dickinson a Sylvia Plath, de las Brontë a Leonard Cohen. Su lenguaje, antes directo y coloquial, se vuelve más simbólico, más atmosférico, más poético.

Evermore, lanzado pocos meses después, continúa esa exploración con un tono aún más narrativo. Es un disco de relatos invernales, de caminos rurales, de amores perdidos y redenciones improbables. En "champagne problems", una mujer rechaza una propuesta de matrimonio con una frialdad que esconde un dolor insondable; en "tolerate it", una esposa invisible se consume en la indiferencia de su pareja; en "no body, no crime", el crimen doméstico se convierte en balada detectivesca. Son historias mínimas que revelan una mirada aguda sobre las emociones humanas, como si Swift hubiese pasado de escribir canciones a escribir cuentos breves. "Taylor se ha convertido en una narradora moderna de la intimidad", escribió *The New Yorker* (2021). "Sus letras son relatos en miniatura, capaces de contener en tres minutos lo que una novela necesita tres capítulos para decir."

El giro hacia la ficción trajo consigo un cambio en el estilo poético. Swift abandona las metáforas pop y los estribillos grandilocuentes para abrazar la economía del verso, la delicadeza de la imagen. "The lakes", canción final de *Folklore*, funciona como una declaración de intenciones literarias: la artista se imagina exiliada entre poetas muertos, buscando "un lugar donde el arte y la tristeza puedan respirar". Es una reflexión sobre la creación, la soledad y el legado, escrita con un tono que recuerda al romanticismo inglés. "He soñado con los lagos desde que era niña", confesó a *Vogue* (2020). "Representan ese espacio donde la emoción se vuelve palabra y la palabra, refugio."

En estas obras, la voz de Swift se vuelve más íntima y menos dependiente del espectáculo. Sus canciones ya no buscan el aplauso inmediato, sino la resonancia silenciosa de la lectura. Hay en ellas un pulso literario que dialoga con la estructura de la narrativa y con la musicalidad de la poesía. En lugar de la euforia del escenario, encontramos la soledad del escritorio. Cada verso parece escrito a la luz tenue de una lámpara, como si la artista se hubiera transformado en una cuentista del alma. "Durante años conté mi historia", diría en una entrevista con *Apple Music*. "Ahora quiero contar las historias de los demás, porque en ellas también estoy yo."

Ese tránsito de lo confesional a lo narrativo refleja, además, una madurez artística y humana. Swift ya no necesita ser el centro del relato para habitarlo. Su escritura alcanza una dimensión casi novelística, donde la empatía sustituye a la exposición y la contemplación reemplaza al drama. En *Folklore* y *Evermore*, la artista no se desnuda ante el público: le ofrece un espejo donde todos pueden reconocerse. Y ese es, tal vez, el signo más claro de su evolución: haber comprendido que la verdad del arte no siempre se encuentra en la autobiografía, sino en la capacidad de imaginar otras vidas con la misma intensidad con que se ha vivido la propia.

Así, Taylor Swift se consagra no solo como intérprete o compositora, sino como autora literaria en el sentido más amplio del término. Sus letras se leen ya no como crónicas sentimentales, sino como piezas narrativas que conjugan emoción, observación y lenguaje poético. *Folklore* y *Evermore* son, en esencia, su ingreso a la literatura de la canción: un territorio donde el relato y la emoción se confunden, donde la ficción ilumina la verdad, y donde la palabra —más que nunca— se convierte en su instrumento más poderoso.

Influencias literarias: Brontë, Plath, Dickinson

Detrás del giro literario de *Folklore* y *Evermore* se percibe la huella de una genealogía de escritoras que, como Taylor Swift, transformaron la emoción en lenguaje y el dolor en arte. Emily Brontë, Sylvia Plath y Emily Dickinson constituyen tres pilares invisibles de su universo poético: mujeres que, en épocas distintas, hicieron de la introspección una forma de rebelión y de la palabra, un refugio contra el silencio impuesto por el mundo. En sus letras, Swift no las cita directamente, pero su presencia late en la atmósfera, en la cadencia de los versos y en el modo en que el yo lírico se transforma en un paisaje emocional.

De Emily Brontë hereda la intensidad romántica y la capacidad de habitar la naturaleza como extensión del alma. Hay en *Folklore* una estética del viento y la melancolía que remite a los páramos de *Cumbres Borrascosas*. Swift recrea esa misma sensación de vastedad emocional en canciones como *invisible string* o *seven*, donde la infancia, la distancia y el destino se funden en una poética casi brontëana: el amor no como dulzura, sino como fuerza indómita, como tormenta que da sentido al existir. "Brontë comprendió que la pasión es inseparable de la naturaleza", escribió Virginia Woolf. Swift parece entender lo mismo: sus paisajes son metáforas del alma, y cada acorde es un eco del viento sobre las colinas.

De Sylvia Plath toma la mirada introspectiva y la precisión confesional del dolor. Aunque *Folklore* y *Evermore* se alejan de la biografía directa, conservan la intensidad de la experiencia interior que caracterizaba a la poeta de *Ariel*. Swift, como Plath, utiliza la metáfora doméstica —la habitación, el espejo, la carta— para hablar de fracturas emocionales profundas. Canciones como *mad woman* o *tolerate it* condensan ese tono entre la furia contenida y la resignación lúcida, una escritura que desarma la idealización femenina para mostrar la herida con elegancia poética. Plath escribió: "Vivo en una especie de transparencia de vidrio". Swift retoma esa imagen en clave contemporánea: la celebridad como vitrina, la mujer observada y juzgada, la vida expuesta hasta el límite de la intimidad. Ambas comprenden que escribir es un acto de resistencia frente a la disolución del yo.

De Emily Dickinson, Taylor Swift recoge la musicalidad del silencio y la paradoja de la reclusión como fuente de expansión interior. Dickinson escribió aislada en su habitación de Amherst; Swift, confinada durante la pandemia, encontró en la soledad su propio laboratorio de creación. Ambas comparten la delicadeza de lo mínimo y la fascinación por los instantes suspendidos: "the lakes" podría ser una versión moderna de los poemas donde Dickinson exploraba la fugacidad del tiempo y el misterio de lo inefable. La estructura métrica y la cadencia de algunas letras de *Folklore* —especialmente *mirrorball* o *peace*— evocan esa economía de palabras que sugiere más de lo que dice. Hay en ambas una misma fe en la metáfora como vía hacia lo trascendente.

La afinidad de Swift con estas autoras no es solo estética, sino ética. En las tres encuentra modelos de independencia intelectual y de libertad creadora. Brontë, Plath y Dickinson escribieron desde los márgenes, cuestionando los límites de su época; Swift lo hace desde el centro de la cultura popular, pero con una consciencia igualmente subversiva. Si ellas desafiaron la idea de lo que una mujer podía escribir, Swift desafía la de lo que una mujer puede cantar. Convierten la emoción —tradicionalmente relegada a lo "femenino"— en una forma de conocimiento.

En sus letras más recientes, la artista no teme el lirismo ni el enigma. Construye imágenes con la precisión de quien ha leído a las poetas que hacen del detalle un abismo: un hilo invisible que une a los amantes, un espejo que refleja la fragilidad de la fama, una casa vacía que respira recuerdos. En cada canción hay un eco de Dickinson susurrando desde su escritorio, de Plath mirando el mundo a través del cristal, de Brontë caminando por la niebla. Swift las trae al presente, las traduce al lenguaje del siglo XXI y demuestra que la literatura y el pop no son universos opuestos, sino vasos comunicantes de una misma sensibilidad.

En *Folklore* y *Evermore*, Taylor Swift se alinea con esa estirpe de creadoras que transformaron la vulnerabilidad en fuerza y el aislamiento en lucidez. Como ellas, escribe para comprender el alma y, al hacerlo, nos ofrece una obra que trasciende el entretenimiento para rozar la poesía. En cada verso se percibe una continuidad secreta: tres mujeres que escribieron para no desaparecer y una artista contemporánea que, al escucharlas, encontró su voz más profunda. En esa herencia silenciosa, Swift se confirma como lo que siempre insinuó ser: una autora literaria que canta.

La crítica consagra su madurez

Con *Folklore* y *Evermore*, Taylor Swift alcanzó un reconocimiento crítico sin precedentes en su carrera. Si durante años había sido vista —aun por sus admiradores— como una talentosa narradora del pop sentimental, estos dos álbumes la situaron en una categoría distinta: la de los autores que trascienden su género para situarse en el territorio de la alta creación. La crítica especializada, acostumbrada a analizar su obra desde el prisma del fenómeno mediático, se rindió ante la solidez literaria, la coherencia estética y la hondura emocional de su nueva etapa. "Con *Folklore*, Taylor Swift dejó de escribir canciones sobre sí misma para escribir canciones sobre todos nosotros", escribió *The New York Times* (2020). Fue el momento en que dejó de ser solo una estrella y se convirtió, definitivamente, en una autora.

El impacto de *Folklore* fue inmediato y transversal. Publicado sin promoción previa, en pleno confinamiento, el álbum fue recibido como una sorpresa serena en medio del ruido del mundo. Su sonido introspectivo, su lirismo contenido y su tono otoñal conquistaron tanto a la crítica musical como a los lectores de poesía. *Rolling Stone* lo definió como "una obra de madurez, un retrato emocional de la soledad y la empatía en tiempos inciertos", y *The Guardian* le otorgó cinco estrellas, destacando la elegancia con que Swift "trasciende el pop para crear su propio canon literario". La revista *Pitchfork*, tradicionalmente más reservada con los artistas mainstream, la incluyó entre las compositoras más relevantes de la década, comparando su escritura con la de Joni Mitchell y Paul Simon.

Los premios confirmaron lo que la crítica ya había señalado. *Folklore* ganó el Grammy al Álbum del Año en 2021, un reconocimiento que la consagró como la primera mujer en la historia en obtener ese galardón tres veces. Pero más allá del trofeo, lo significativo fue el cambio de percepción: Swift pasó de ser la cronista de amores juveniles a ser considerada una artesana del lenguaje y la emoción. *Evermore*, lanzado pocos meses después, consolidó esa impresión. Aunque más melancólico y menos inmediato que su predecesor, fue valorado como su complemento natural, una segunda respiración creativa que expandía el universo narrativo de *Folklore*. "Juntos forman un díptico sobre el alma humana en tiempos de silencio", escribió *The Atlantic* (2021).

La madurez de Swift no radica solo en la calidad de sus letras, sino en la serenidad con que asumió su propio crecimiento. *Folklore* y *Evermore* no buscan la validación del mercado ni la viralidad de las listas; son obras concebidas desde la introspección, la libertad y la confianza en la palabra. En ellas, la artista renuncia al artificio del espectáculo para centrarse en la emoción desnuda, en la belleza del detalle. "No hay nada más audaz que bajar la voz cuando todos esperan que grites", señaló *Los Angeles Times* (2020). Swift lo hizo, y en ese gesto encontró su verdad artística.

La crítica literaria también se acercó a su obra con una nueva mirada. Ensayistas y académicos comenzaron a analizar sus letras como textos poéticos, identificando en su estilo ecos de Dickinson, Brontë y Plath, así como de la narrativa confesional de los años sesenta. En universidades de Estados Unidos y Europa, cursos dedicados a la cultura popular incluyeron *Folklore* como ejemplo de cómo la música contemporánea puede dialogar con la tradición literaria. "Taylor Swift ha convertido la canción pop en una forma moderna de novela lírica", escribió la profesora Elizabeth Scala en *The Journal of Popular Culture* (2021). Ese reconocimiento académico selló su tránsito de ídolo adolescente a figura canónica de la cultura contemporánea.

En lo emocional, *Folklore* y *Evermore* representan un punto de equilibrio. Swift ya no necesita defenderse ni demostrar nada: escribe desde la serenidad de quien ha sobrevivido al escrutinio y al escándalo. Hay en estos discos una madurez vital que se traduce en un tono más pausado, más reflexivo, más luminoso incluso en la melancolía. Su voz, despojada de artificios, suena como la de alguien que ha aprendido a convivir con su propia historia. "La madurez de Taylor Swift no consiste en haberse vuelto cínica —escribió *Vogue* (2021)—, sino en haber comprendido que la ternura también puede ser una forma de sabiduría."

Esa sabiduría es la que la crítica celebró. En *Folklore* y *Evermore*, Taylor Swift logró algo que muy pocos artistas populares han conseguido: reconciliar el gusto masivo con la exigencia estética, el éxito comercial con la profundidad literaria. Lo que antes era un fenómeno de fans se convirtió en un fenómeno cultural. Y así, en la soledad de un confinamiento global, la artista encontró el reconocimiento que solo otorga el tiempo: el de haber alcanzado, finalmente, su voz más pura, su madurez definitiva como autora.

CAPÍTULO 10.

Midnights y The Eras Tour:

la era de la síntesis

Nostalgia, introspección y legado

Con *Midnights* (2022), Taylor Swift culminó un viaje de más de una década de metamorfosis artística, cerrando el círculo que comenzó con la ingenuidad adolescente de *Fearless* y atravesó la oscuridad de *Reputation* y la serenidad literaria de *Folklore*. En este álbum, la artista se mira a sí misma con una mezcla de distancia y ternura, consciente de su propio mito, pero también de su humanidad. *Midnights* es el diario de una mujer que ha aprendido a habitar sus contradicciones: la fama y el cansancio, el amor y la duda, la plenitud y el insomnio. En sus canciones hay una madurez introspectiva que convierte el pasado en espejo y el presente en confesión. "Este disco —escribió Swift en su presentación— está hecho de trece noches de insomnio, de pensamientos que me mantuvieron despierta y de historias que no sabía si debía contar." Esa frase define el tono del álbum: íntimo, circular, lleno de ecos de su propia historia.

La nostalgia en *Midnights* no es simple añoranza, sino una forma de reconciliación. Swift revisita fragmentos de su vida —la adolescente soñadora, la mujer criticada, la artista resurgida— y los entrelaza en un relato donde el pasado deja de ser herida para convertirse en identidad. En *You're on Your Own, Kid*, por ejemplo, repasa con dulzura los inicios de su carrera, cuando el éxito era todavía una promesa y la soledad, una compañera constante. En *Anti-Hero*, la ironía y la autocrítica reemplazan al lamento: Swift se ríe de su imagen pública, se desdobla en sus propias inseguridades, reconoce que "soy yo, soy el problema, soy yo". Es un ejercicio de honestidad descarnada que solo puede provenir de quien ha pasado por todas las etapas del juicio público y ha aprendido a convertirlo en arte.

En el plano sonoro, *Midnights* es un regreso al pop, pero un pop más maduro, introspectivo, menos luminoso que en *1989* y más contemplativo que en *Lover*. Es un disco nocturno, hecho de sintetizadores suaves, ritmos contenidos y voces que parecen susurrar desde la penumbra. Swift se reencuentra con Jack Antonoff para construir una atmósfera de ensoñación que recuerda los años ochenta pero filtrados por la melancolía del presente. Cada canción suena como un pensamiento que se repite a medianoche, entre la memoria y la esperanza. "Es un disco de espejos y sombras", escribió *The Guardian* (2022), "una meditación sobre la identidad, la culpa y la redención."

La introspección de *Midnights* alcanza un grado de sutileza poética que sintetiza toda su evolución. Swift ya no busca contar historias ajenas ni construir personajes como en *Folklore*; ahora vuelve al yo, pero a un yo transformado por la experiencia. En *Labyrinth* y *Sweet Nothing* se adentra en la vulnerabilidad del amor maduro; en *Mastermind*, revela con ironía la arquitectura emocional detrás de su propio destino. "He sido arquitecta de mi vida, aunque nadie lo supiera", parece decirnos. Esta es una artista que no solo se confiesa: se analiza, se reescribe, se interpreta.

Esa mirada hacia dentro, sin embargo, no está exenta de un horizonte de legado. *Midnights* no es el cierre de una etapa, sino la síntesis de todas. Es la obra de quien puede mirar atrás y reconocerse en todas sus versiones sin negar ninguna. "Taylor Swift escribe como quien ordena una biblioteca interior", señaló *Pitchfork* (2022). "Cada álbum es un estante, cada canción, un recuerdo." En esa estructura de autoarchivo, *Midnights* funciona como la memoria de su propio mito: la conciencia de ser, a la vez, autora y personaje de una historia que ya pertenece a la cultura popular.

El tema del legado atraviesa cada verso, aunque nunca de manera solemne. Swift no se presenta como una heroína triunfante, sino como alguien que sigue preguntándose quién es después de todo. En *Maroon* y *The Great War* hay una reflexión sobre el paso del tiempo, las cicatrices que deja el amor y la forma en que la memoria colorea los hechos. En *Bigger Than the Whole Sky* —una de las canciones más dolorosas de su carrera— aparece la aceptación de la pérdida como parte inevitable de la vida. Estas composiciones revelan una artista que ya no busca la perfección, sino la verdad, incluso en su forma más frágil.

El legado de Taylor Swift, consolidado con *Midnights*, no se mide solo en números o récords —aunque los haya batido todos—, sino en la huella emocional y cultural que ha dejado. Es la rareza de una figura que, en un mundo de velocidad y olvido, ha sabido construir una narrativa coherente a lo largo de casi veinte años, sin traicionar su voz interior. Swift se ha convertido en un símbolo de continuidad en la era de lo efímero, una autora que escribe con la misma intensidad con que vive, consciente de que su obra es también el mapa de una generación.

En última instancia, *Midnights* no es un punto final, sino una síntesis luminosa de su viaje. Desde la adolescente que soñaba con ser escuchada hasta la mujer que domina su propia historia, Swift ha hecho de la introspección una forma de arte y de la nostalgia, un puente hacia la sabiduría. "He aprendido a perdonarme a mí misma", escribió en sus notas personales para el álbum. Esa frase, más que una confesión, suena como una conclusión vital: el cierre de un ciclo y la apertura de otro. Porque en *Midnights*, Taylor Swift no solo canta sobre el pasado; lo ilumina, lo celebra y, al hacerlo, se consagra como una de las voces más profundas y duraderas de su tiempo.

El espectáculo como autobiografía escénica

Con *The Eras Tour*, Taylor Swift llevó a su máxima expresión la idea del espectáculo como relato vital. Más que un concierto, la gira se convirtió en una autobiografía escénica, una puesta en escena monumental en la que la artista reconstruye, con precisión y emoción, los distintos capítulos de su vida y de su carrera. Cada "era" —desde la dulzura adolescente de *Fearless* hasta la melancolía poética de *Folklore* y la introspección de *Midnights*— aparece representada como un fragmento de memoria, un universo visual y sonoro en el que se entrelazan la nostalgia, la identidad y la reinvención. Swift no solo canta sus canciones: las revive, las interpreta, las recontextualiza. Y en ese proceso convierte el escenario en su diario más grande y luminoso.

El diseño del espectáculo funciona como un viaje emocional y cronológico a través de su obra. Cada bloque del concierto recrea una época con una escenografía distinta, un vestuario simbólico y una atmósfera que dialoga con el estado de ánimo de cada álbum. El público transita junto a ella desde los tonos cálidos del country de *Fearless* hasta la estética futurista de *1989*, pasando por la oscuridad serpentina de *Reputation* y la paleta romántica de *Lover*. Todo está pensado como un relato de metamorfosis, donde la artista muestra cómo cada versión suya —la adolescente soñado-

ra, la mujer herida, la narradora introspectiva—
forma parte de una misma historia. "Esta gira es
una celebración de mis distintas vidas", explicó
Swift en una entrevista con *Time* (2023). "Cada
era fue un reflejo de quién era yo en ese momento, y ahora puedo verlas todas coexistiendo sobre
el mismo escenario."

El espectáculo, sin embargo, no se limita a la
recreación estética: es también una lectura emocional de su propio legado. Swift asume el papel
de narradora y personaje a la vez, guiando al público por su memoria musical. Las proyecciones,
los monólogos entre canciones y las transiciones
escénicas están construidos como capítulos de
una misma autobiografía. En *The Eras Tour*, la artista cuenta su vida no a través de palabras, sino
de luces, coreografías y símbolos. Cada cambio
de vestuario, cada gesto y cada acorde funcionan
como una cita visual a un tiempo de su historia,
una evocación poética de lo que fue y de lo que
permanece.

Uno de los aspectos más notables del espectáculo es su capacidad para unir lo íntimo y lo
monumental. Pese a su escala colosal —estadios
repletos, pantallas gigantes, una producción que
reescribe los límites del show pop—, *The Eras Tour*
mantiene una emoción cercana, casi confesional.
Swift logra que un estadio con setenta mil personas se sienta como una habitación compartida.
"Esa es su magia", escribió *The New Yorker* (2023):
"hacer que la multitud se convierta en complici-

dad, no en ruido". En un gesto profundamente simbólico, cada concierto incluye una sección acústica con canciones sorpresa, interpretadas solo con guitarra o piano. Es el regreso al origen: la artista que, antes de los reflectores, era solo una chica con una historia que contar.

The Eras Tour no solo celebra su trayectoria; la revisa críticamente. Swift se reencuentra con sus antiguas versiones sin negar las heridas ni los errores. En *Look What You Made Me Do*, revive la era de *Reputation* con una ironía liberadora; en *All Too Well (10 Minute Version)*, la interpretación se convierte en catarsis colectiva; en *Enchanted*, reinterpreta la inocencia de *Speak Now* con una nostalgia serena. Cada número es una reflexión sobre el paso del tiempo y sobre el poder de la narrativa para sanar. En sus propias palabras: "Cada era es una cicatriz que aprendí a amar."

El lenguaje visual de la gira también es literario. Cada segmento posee una estética que evoca el tono de sus letras: los bosques nevados de *Folklore*, los rascacielos neón de *1989*, los destellos rosados de *Lover*, las serpientes doradas de *Reputation*. Swift construye un imaginario escénico que traduce su evolución emocional, como si cada escenario fuera una página ilustrada de su diario. El resultado es un espectáculo que no solo entretiene, sino que narra, reflexiona y emociona: una autobiografía en movimiento.

La crítica coincidió en destacar el carácter histórico de la gira. *The Guardian* la definió como "una experiencia emocional total, un acto de memoria artística y colectiva". *Billboard* la llamó "la síntesis más ambiciosa de una carrera femenina en la música contemporánea". Incluso académicos de la Universidad de Harvard propusieron analizar *The Eras Tour* como "una obra total" en el sentido wagneriano: un espectáculo que fusiona música, teatro, danza, literatura y emoción. Swift, consciente de ese alcance, declaró: "Esta gira es mi manera de agradecerle a la gente por crecer conmigo. Cada canción es una versión de mí, pero también una versión de ellos."

En ese sentido, *The Eras Tour* trasciende la noción de concierto para convertirse en un acto de comunión. Es una celebración de la memoria compartida entre artista y público, una afirmación de que el arte puede ser, al mismo tiempo, biografía y espejo colectivo. Swift escribe su historia no solo con palabras, sino con gestos, con luces, con silencios que resuenan en miles de voces. En el cierre de cada espectáculo, mientras suena *Karma* y los fuegos artificiales iluminan el cielo, queda la sensación de asistir no solo a un show, sino al testimonio de una vida narrada en directo.

Así, *The Eras Tour* representa el punto culminante de la filosofía creativa de Taylor Swift: convertir la experiencia personal en arte, la emoción en estructura y la memoria en espectáculo. En ella, la artista demuestra que su historia no está terminada, sino viva, en constante transformación. Porque su verdadera autobiografía no está en los diarios ni en los documentales, sino en ese instante irrepetible en que una multitud canta con ella las canciones de su vida —y descubre, en su voz, la historia de todos.

La conexión emocional con los fans: el fenómeno "Swiftie"

Pocas artistas en la historia de la música contemporánea han construido una relación tan profunda, íntima y sostenida con su público como Taylor Swift. El fenómeno "Swiftie" no es simplemente una comunidad de fans: es una red emocional y cultural que trasciende la admiración musical para convertirse en una forma de pertenencia, una identidad compartida que une generaciones, países y lenguajes. Desde sus primeros días en MySpace hasta la expansión global de *The Eras Tour*, Swift ha cultivado un vínculo único basado en la empatía, la reciprocidad y la honestidad narrativa. No se trata de idolatría, sino de reconocimiento mutuo: el público no solo escucha sus canciones, sino que se reconoce en ellas.

La conexión con sus seguidores nació de un gesto original en la era digital: el de la transparencia. Mientras otros artistas protegían su vida privada con distancia, Swift optó por la cercanía, compartiendo pensamientos, miedos y momentos cotidianos a través de redes sociales, cartas abiertas y encuentros personales. Pero más allá de la exposición mediática, lo que cimentó ese lazo fue la autenticidad emocional de su obra. Cada álbum, cada verso, cada símbolo se convirtió en un espacio de diálogo entre su experiencia y la de sus oyentes. En *You Belong With Me*, miles de adolescentes encontraron el eco de su inseguridad amorosa; en *All Too Well*, las heridas de las rupturas; en *The Archer* o *Mirrorball*, la ansiedad de sentirse vulnerables ante la mirada ajena. "Escucharla es sentirse comprendido", escribió *The New Yorker* (2023). "Swift convierte lo personal en colectivo, lo íntimo en multitud."

Los "Swifties" no son simples consumidores de música: son lectores activos de una narrativa en construcción. Han aprendido a decodificar sus letras, a descubrir mensajes ocultos en los videos, a anticipar significados en los colores, los números o las referencias literarias. Este lenguaje compartido —una suerte de mitología cifrada— ha generado una complicidad que convierte cada lanzamiento en un acontecimiento colectivo. Swift alimenta ese vínculo con ingenio y sensibilidad: deja pistas, crea misterios, juega con la interpretación y recompensa la atención de su público. En un mundo saturado de estímulos efímeros, ella ha logrado lo más difícil: que millones de personas esperen, analicen y comenten sus canciones como quien sigue la trama de una gran novela.

El fenómeno "Swiftie" también es un reflejo de los tiempos. En una era marcada por la fragmentación social y el aislamiento emocional, la comunidad creada en torno a Taylor Swift funciona como una red afectiva global. Las giras y los conciertos se convierten en rituales de pertenencia: multitudes que se visten con los colores de cada era, que intercambian pulseras de amistad —un gesto inspirado en la letra de *You're on Your Own, Kid*— y que celebran, juntas, las distintas etapas de su propia vida. Swift ha logrado que su música acompañe los ciclos vitales de sus oyentes: el primer amor, la decepción, la madurez, la reconciliación. "Ella ha sido la banda sonora de mi crecimiento", repiten los fans en foros y redes. Esa frase, más que una metáfora, describe una realidad emocional colectiva.

Lo que distingue a Swift de otras figuras del pop es su conciencia de ese vínculo. La artista no trata a sus seguidores como una masa anónima, sino como interlocutores con voz propia. Los incluye en su proceso creativo, los agradece públicamente, los escucha y, sobre todo, los reconoce. En sus conciertos, detiene la música para compartir historias personales o agradecer la energía del público; en redes, responde con humor o ternura a los mensajes de sus fans; en entrevistas, habla de ellos como de una familia extendida. "Crecimos juntos —dijo en *The Eras Tour*—. Ellos me vieron cometer errores, aprender, cambiar, y siguieron aquí. No hay mayor regalo que ese."

La conexión emocional entre Swift y sus fans se ha convertido, además, en un fenómeno sociológico. Psicólogos y comunicólogos han analizado cómo su obra fomenta un sentido de identidad positiva y comunidad emocional. El fenómeno "Swiftie" representa una nueva forma de relación entre artista y público: no vertical ni distante, sino horizontal, colaborativa y afectiva. En este ecosistema, las emociones se comparten, se reinterpretan y se celebran. Cada álbum actúa como una etapa vital, cada gira como una ceremonia de reencuentro. En este sentido, Taylor Swift no solo canta para su público: canta con él.

Esa reciprocidad explica por qué su éxito no se desvanece, sino que se renueva. Los "Swifties" no son simples testigos de su carrera, sino parte activa de su relato. Han aprendido que su historia personal también puede ser narrada, que el dolor puede volverse belleza y que la vulnerabilidad, lejos de ser debilidad, es una forma de fortaleza. En un tiempo de distancias y máscaras, Taylor Swift ha construido un espacio donde la emoción todavía tiene valor. Y ese espacio —hecho de canciones, complicidades y memoria compartida— es, quizás, su mayor legado: haber transformado el vínculo entre artista y público en una forma de amor colectivo.

Taylor Swift como marca, símbolo y memoria colectiva

En la cultura contemporánea, pocas figuras han logrado fundir con tanta naturalidad el arte, la identidad y el poder simbólico como Taylor

Swift. Más que una cantante o compositora, se ha convertido en una marca emocional, un ícono cultural y una memoria colectiva que·trasciende generaciones. Su nombre ya no designa solo a una persona, sino a una experiencia compartida: una constelación de emociones, símbolos y relatos que se entrelazan con la historia reciente del pop y con la biografía íntima de millones de oyentes. Taylor Swift es, en pleno siglo XXI, un espejo donde la cultura global se observa, se interroga y se reconoce.

La noción de "marca Taylor Swift" no se reduce al marketing, sino que adquiere una dimensión narrativa y afectiva. Cada era —*Fearless, Red, 1989, Reputation, Lover, Folklore, Midnights*— funciona como un capítulo visual y emocional de un gran relato en expansión. Swift ha construido una identidad coherente que evoluciona con cada obra, pero siempre manteniendo una esencia reconocible: la sinceridad emocional, la escritura cuidada y la capacidad de transformar lo personal en universal. Esta consistencia estética y simbólica le ha permitido trascender los cambios de moda y los ciclos de consumo para convertirse en una marca viva, flexible y, sobre todo, auténtica.

El poder de esa marca radica en su humanidad. Swift no representa la perfección inalcanzable del estrellato clásico, sino la vulnerabilidad que conecta. Ha hecho del error, de la contradicción y del aprendizaje público parte esencial de su narrativa. Su imagen ha sobrevivido a linchamientos mediáticos, rupturas, cancelaciones y renacimientos, y cada caída se ha transformado en material poético. En un entorno donde las celebridades suelen parecer fabricadas, ella ha construido su figura con la materia prima de la sinceridad. "La marca Taylor Swift —escribió *The Economist* (2023)— no se basa en vender productos, sino en vender confianza, cercanía y memoria emocional."

A nivel simbólico, Swift es una de las pocas artistas que ha logrado crear un lenguaje propio dentro de la cultura popular. Sus álbumes funcionan como arquetipos emocionales: *Red* encarna el amor pasional y la pérdida; *Reputation*, la venganza y el renacimiento; *Lover*, la reconciliación y la ternura; *Folklore*, la introspección poética; *Midnights*, la madurez y la autoconciencia. Estos universos se reconocen no solo por su sonido, sino por su paleta de colores, su tipografía, su iconografía y su tono emocional. Swift ha convertido la estética en semántica: cada tono pastel, cada serpiente dorada o cada prado nevado son signos cargados de significado. De este modo, su obra forma un sistema simbólico en el que el público puede leer y releerse, como si cada era fuera un espejo de su propio ciclo vital.

Pero más allá del símbolo, está la memoria. Taylor Swift se ha convertido en una narradora del tiempo que le tocó vivir. Sus canciones funcionan como un archivo emocional de las últimas dos décadas: la transición del siglo, la era de las redes sociales, el auge de la cultura de la exposición y el debate sobre la identidad femenina en la industria musical. A través de su obra, se pueden rastrear los cambios culturales de toda una generación. "Swift es la cronista sentimental del milenio", escribió *The New York Times* (2022). "Ha registrado, con precisión casi documental, las emociones de quienes crecieron en un mundo hiperconectado y vulnerable."

Esa función de memoria colectiva explica por qué sus letras se sienten tan personales incluso para quienes no comparten su biografía. Swift ha capturado la textura emocional de la vida moderna: la ansiedad de la exposición, la búsqueda de autenticidad, el deseo de ser visto sin ser devorado. Cada canción suya, desde *Fifteen* hasta *Anti-Hero*, resuena como un fragmento de experiencia compartida. En los conciertos de *The Eras Tour*, esa memoria se activa en tiempo real: miles de personas cantando al unísono, no solo para recordar sus propias vidas, sino para confirmar que esas vidas forman parte de una historia común.

En términos económicos y mediáticos, la "marca Taylor Swift" es un fenómeno sin precedentes. Su impacto en la industria musical ha redefinido los estándares de éxito y autonomía. Swift ha recuperado los derechos de sus grabaciones, ha gestionado su imagen con inteligencia empresarial y ha demostrado que la integridad artística puede coexistir con el poder económico. Su control absoluto sobre su obra —desde las regrabaciones de *Taylor's Version* hasta la estrategia de sus giras— representa una revolución silenciosa en la industria: la artista como dueña de su narrativa y de su legado.

Pero lo más extraordinario es que, detrás de ese poder, sigue latiendo una voz profundamente humana. Swift ha logrado algo que parecía imposible en la cultura del espectáculo: ser al mismo tiempo una figura mitológica y una presencia cercana, un símbolo global y una amiga que canta desde la habitación contigua. Su marca es su memoria, y su memoria es la de todos los que crecieron, amaron, sufrieron o soñaron con sus canciones.

Por eso, cuando hoy se habla de Taylor Swift, no se habla solo de una artista, sino de un fenómeno cultural total: una autora que ha convertido su vida en relato, su relato en símbolo y su símbolo en legado. En su voz, el arte se vuelve espejo, la emoción se vuelve historia y la historia se transforma en comunidad. Taylor Swift ya no es solo una mujer que escribe canciones: es un lenguaje, una memoria viva, una fuerza que ha cambiado para siempre la manera en que entendemos el vínculo entre arte, identidad y tiempo.

CAPÍTULO 11.

TAYLOR SWIFT Y EL PODER

FEMENINO EN LA INDUSTRIA

La lucha por los derechos de autor y el control del máster

En la historia reciente de la música, pocos episodios han simbolizado con tanta claridad la tensión entre el arte y el poder industrial como la batalla de Taylor Swift por el control de sus grabaciones originales. Lo que comenzó como un conflicto contractual terminó convirtiéndose en un manifiesto por los derechos de autor, la autonomía creativa y el empoderamiento femenino dentro de una industria históricamente dominada por hombres. Swift no solo defendió su obra: redefinió el papel del artista en el siglo XXI, demostrando que la verdadera independencia no se mide por la fama, sino por la propiedad de la propia voz.

Todo comenzó en 2019, cuando la cantante reveló públicamente que los másteres de sus seis primeros álbumes —desde *Taylor Swift* hasta *Reputation*— habían sido adquiridos por el empresario Scooter Braun, tras la venta de su antigua discográfica, Big Machine Records. Aquella transacción, realizada sin su consentimiento, significó que el catálogo musical que había construido desde los catorce años pasaba a manos de un conglomerado privado. "Es como si alguien hubiera comprado mi infancia", escribió Swift en una carta abierta publicada en Tumblr, un texto que rápidamente se volvió viral. En él denunciaba no solo la pérdida material, sino el principio ético: el derecho de un artista a controlar su propio legado.

El conflicto trascendió el ámbito contractual para convertirse en un debate cultural y político. Swift, consciente del alcance de su voz, expuso con lucidez el sistema de desigualdades que estructura la industria musical: contratos abusivos, cláusulas de silencio, intermediarios que convierten la creación en mercancía. En entrevistas y discursos, subrayó una verdad incómoda: durante décadas, las grandes discográficas habían exigido a los artistas —especialmente a las mujeres jóvenes— ceder la propiedad de su obra a cambio de visibilidad. "Durante mucho tiempo me dijeron que debía estar agradecida solo por estar aquí —declaró en *Billboard Women in Music* (2019)—, pero la gratitud no debe ser sumisión. Agradecer no significa renunciar a lo que te pertenece."

Su respuesta fue tan ingeniosa como radical: volver a grabar sus álbumes para recuperar los derechos de sus canciones. Así nació el proyecto *Taylor's Version*, una operación artística y simbólica sin precedentes. Cada regrabación no solo recupera el control legal de su obra, sino que resignifica su historia. Swift reinterpreta sus viejas canciones con la madurez de quien las escribió y las sobrevivió, añadiendo a cada reedición nuevas pistas inéditas, los llamados *from the vault*, como si excavara su propio pasado para liberarlo. El gesto tiene un doble filo: es al mismo tiempo un acto de justicia y de reinvención estética.

El impacto fue inmediato. *Fearless (Taylor's Version)*, lanzado en 2021, debutó en el número uno del *Billboard 200*, repitiendo el éxito de su versión original de 2008. Luego llegaron *Red (Taylor's Version)*, *Speak Now (Taylor's Version)* y *1989 (Taylor's Version)*, cada una con una recepción entusiasta y un valor simbólico creciente. La industria, sorprendida, comprendió que Swift había transformado un conflicto empresarial en un fenómeno cultural de resistencia. "Convirtió un acto de revancha en una lección de propiedad intelectual", escribió *The Guardian* (2022). "Demostró que la narrativa del poder puede reescribirse, nota por nota."

La decisión de Swift marcó un antes y un después para toda una generación de músicos. Jóvenes artistas comenzaron a exigir mejores condiciones contractuales y a reivindicar la propiedad de sus másteres. Lo que en principio parecía un asunto personal se convirtió en una revolución silenciosa por la soberanía artística. En 2023, universidades como Harvard y NYU incorporaron el caso Swift a sus programas de derecho y negocios, como ejemplo de ética y estrategia cultural. La artista había logrado lo que pocos: cambiar las reglas del juego desde dentro, utilizando su fama no como escudo, sino como altavoz.

En el trasfondo de esta lucha se percibe también una dimensión de género. Durante décadas, la industria musical ha minimizado las voces femeninas, tratándolas como intérpretes antes que como autoras, como ídolos antes que como estrategas. Swift rompió ese paradigma. Su enfrentamiento público con Braun —y su negativa a callar o negociar bajo amenaza— se interpretó como un acto de afirmación femenina frente a las estructuras patriarcales del negocio. "Lo que Taylor hizo —escribió la ensayista Rebecca Solnit— fue reclamar el derecho de una mujer a ser la dueña de su palabra. Y eso, en la historia del arte, siempre ha sido revolucionario."

Su postura fue también una declaración ética: el arte no puede ser expropiado sin despojar al creador de una parte esencial de sí. "Los másteres son la vida del artista", dijo Swift. "Representan nuestras decisiones, nuestras emociones, nuestra historia." Con esa frase, la artista sintetizó el núcleo de su filosofía: la creación como identidad y la identidad como propiedad inviolable.

El triunfo de *Taylor's Version* no se mide solo en cifras, sino en su dimensión simbólica. Swift ha demostrado que es posible desafiar al sistema sin renunciar a la elegancia, y que la venganza más efectiva es el arte. Al regrabar su catálogo, convirtió el dolor en estrategia, la injusticia en legado y la herida en victoria. En un gesto que resume toda su trayectoria, transformó la pérdida en renacimiento, el abuso de poder en una lección de libertad.

Hoy, cuando las nuevas generaciones cantan *Love Story (Taylor's Version)* o *All Too Well (10 Minute Version)*, no solo reviven una canción: participan en un acto de memoria y de justicia poética. La lucha de Taylor Swift por el control de sus másteres no fue una guerra por dinero, sino por dignidad. Fue la afirmación de una verdad que trasciende la música: que la voz de una mujer, una vez alzada, ya no puede ser comprada.

Feminismo, autonomía y resistencia en el pop

Taylor Swift no se proclamó feminista desde el principio, pero su evolución artística y personal acabó convirtiéndola en una de las voces más influyentes del feminismo contemporáneo dentro del pop. Su trayectoria es el retrato de una toma de conciencia progresiva: de la joven que buscaba aprobación en una industria dominada por hombres, a la mujer que aprendió a decir "no" y a ejercer el control total sobre su narrativa. En ese recorrido, Swift transformó la vulnerabilidad en fuerza, la emoción en discurso y el pop — ese territorio muchas veces subestimado— en un espacio legítimo de resistencia política y cultural.

Durante los primeros años de su carrera, la artista encarnó el ideal de la "chica buena" americana: dulce, romántica, educada, y, sobre todo, prudente en sus opiniones. En un entorno donde las mujeres eran constantemente reducidas a etiquetas, Swift fue víctima del sexismo mediático que banalizaba su talento, reduciéndola a sus relaciones sentimentales. Cada ruptura se convertía en titular, cada canción en sospecha de despecho. "Se hablaba de mis novios, no de mis letras —recordó en una entrevista con *Vanity Fair*—. Era como si el hecho de escribir sobre el amor invalidara mi inteligencia." Aquella presión no fue menor: las jóvenes artistas del pop se veían obligadas a encajar en una narrativa construida por otros.

Pero la historia cambió con *Red* (2012) y, sobre todo, con *1989* (2014), cuando Swift asumió abiertamente la autoría de su relato. Su escritura, antes introspectiva, se volvió más analítica, más consciente del poder de las palabras. El público empezó a ver en ella no a una intérprete sentimental, sino a una narradora que documentaba su experiencia como mujer en un mundo que exige explicaciones a cada gesto femenino. "De repente comprendí —dijo en *The Man* (2019)— que si hubiera hecho lo mismo siendo hombre, me habrían llamado genio, no calculadora." Aquella frase, transformada en canción y videoclip, se convirtió en una pieza clave de su discurso feminista: una sátira mordaz contra la doble vara de medir que regula el éxito según el género.

El feminismo de Swift no surge del manifiesto teórico, sino del testimonio. Ella no se autoproclama heroína, sino que se expone como mujer en proceso de emancipación. Su lucha no es solo por los derechos de autor o el control empresarial —aunque ambos sean pilares de su independencia—, sino por el derecho a ser compleja, contradictoria, imperfecta. En una cultura que exige que las artistas sean al mismo tiempo vulnerables y ejemplares, ella eligió ser simplemente humana. "Lo verdaderamente feminista —declaró en *Elle* (2020)— es permitirse cambiar, aprender, equivocarse. No necesitamos ser ídolos, sino personas que piensan y evolucionan."

A partir de *Reputation* (2017), Swift se adentró en un terreno más desafiante: el de la resistencia simbólica. Su imagen pública había sido destruida por los medios y las redes, y su respuesta fue una reconstrucción narrativa en clave femenina: la mujer que sobrevive al linchamiento y convierte su historia en arte. En *The Archer, You Need to Calm Down* o *Mad Woman*, su voz se vuelve más política, más consciente del lugar que ocupa. "No me interesa ser modelo de nada —afirmó—, pero sí mostrar que el poder de una mujer está en no dejar que otros narren su historia." Esa frase resume una ética de resistencia que redefine el papel del pop como campo de emancipación emocional.

En este sentido, el feminismo de Swift se conecta con una tradición que va de Madonna a Beyoncé, pero con una marca propia: la de la autora total. No depende de la provocación visual ni de la sexualización como herramienta de empoderamiento, sino de la escritura y la autoría como territorios de libertad. La suya es una revolución silenciosa, hecha de letras, contratos reescritos y gestos simbólicos: poseer sus másteres, regrabar su historia, decidir cuándo y cómo hablar. Cada una de esas acciones constituye un acto político en una industria que durante décadas negó a las mujeres el control sobre su cuerpo, su voz y su mensaje.

La dimensión feminista de su obra también se extiende a su relación con otras mujeres. Swift ha pasado de ser vista como competidora a convertirse en aliada: ha promovido a jóvenes cantautoras, ha defendido públicamente a artistas como Kesha o Olivia Rodrigo, y ha incluido en sus giras a creadoras independientes, dándoles visibilidad global. En los premios o en los discursos, repite una idea constante: que el éxito de una mujer no es una amenaza para otra, sino un camino compartido. Esa sororidad activa, visible y coherente, ha reforzado su imagen como figura de liderazgo en la música contemporánea.

El legado feminista de Taylor Swift no se mide por consignas, sino por coherencia. Su lucha por los derechos de autor, su defensa del control creativo, su resistencia frente al escarnio mediático y su capacidad para reescribir su propia narrativa constituyen una pedagogía de la independencia. Ha enseñado a toda una generación que el poder femenino no se hereda ni se otorga: se construye, se aprende y se ejerce. En sus canciones, el amor ya no es destino, sino elección; la fragilidad no es debilidad, sino coraje; y la fama no es trofeo, sino campo de batalla.

Al final, Taylor Swift encarna una nueva figura de poder en el pop: la artista que no solo representa, sino que reflexiona, cuestiona y transforma. Su feminismo no grita: escribe. No destruye: reescribe. Y en esa escritura, paciente y luminosa, ha dejado una lección imborrable para su tiempo: que una mujer que domina su voz no necesita permiso para cambiar el mundo.

La regrabación de sus discos: Taylor's Version como acto político

Cuando Taylor Swift anunció que regrabaría todos los álbumes de su primera etapa para recuperar la propiedad de su obra, muchos lo interpretaron como una maniobra contractual o un gesto simbólico de revancha. Sin embargo, el tiempo demostró que *Taylor's Version* era mucho más que eso: una declaración política sobre la autonomía artística, la memoria y el poder de la autoría en la era del capitalismo mediático. Lo que Swift emprendió no fue solo una regrabación, sino una reescritura del vínculo entre creador y creación, entre mujer y propiedad, entre arte y libertad.

La decisión surgió tras el conflicto con Scooter Braun y la venta de sus másteres originales sin su consentimiento, un episodio que desnudó las jerarquías de poder de la industria musical. En un mundo donde los derechos de explotación pesan más que la voz que los origina, Swift decidió hacer lo impensable: reconstruir su catálogo desde cero. Con cada acorde vuelto a grabar, con cada armonía reinterpretada, la artista no solo retomaba el control de su música, sino que lanzaba un mensaje a toda una generación de creadores: *tu arte es tuyo, y nadie debería arrebatártelo.*

Taylor's Version es un proyecto de memoria y resistencia. Cada reedición —desde *Fearless (Taylor's Version)* hasta *1989 (Taylor's Version)*— funciona como un ejercicio de arqueología emocional. Swift regresa a sus canciones con la madurez de quien se reencuentra con su pasado y lo resignifica. Escuchar estas versiones es percibir la historia desde otro ángulo: la misma voz, pero con otro temple; la misma emoción, pero con una conciencia distinta. Es como si el tiempo se doblara para permitirle hablar con la joven que fue, abrazarla y decirle: *ahora somos dueñas de nuestra historia.*

Esa apropiación del pasado tiene una carga política profunda. Durante décadas, las artistas —especialmente las mujeres— han sido despojadas de su obra por estructuras contractuales diseñadas para mantenerlas dependientes. Swift desafió ese modelo con una estrategia que combina lucidez legal, inteligencia emocional y arte. En lugar de victimizarse, convirtió el agravio en oportunidad: regrabó con un sonido más puro, con arreglos revisados y con una voz que encarna la evolución personal y artística de quien ha sobrevivido a la industria. Lo que podría haber sido una venganza se transformó en un acto de soberanía cultural.

Taylor's Version también redefinió el vínculo entre artista y público. Los fans entendieron de inmediato el valor ético de la empresa y convirtieron las nuevas grabaciones en un fenómeno global de apoyo consciente. Dejaron de reproducir las versiones originales, boicotearon los catálogos antiguos y celebraron las reediciones como gestos de justicia poética. En redes, frases como "We support *Taylor's Version*" se multiplicaron, transformando una acción individual en un movimiento colectivo. "Fue la primera huelga emocional del pop", escribió *The Atlantic* (2022), "una protesta silenciosa en la que millones de oyentes decidieron qué historia querían financiar".

La política del proyecto radica, además, en su concepción del tiempo. Swift no solo corrige el pasado, lo reinventa. En los temas *from the vault*, rescata canciones que habían sido descartadas por razones comerciales o de censura implícita, dando voz a fragmentos que habían sido silenciados. Con ello, convierte el archivo en resistencia: demuestra que la historia del arte femenino está llena de borraduras que merecen ser rescatadas. En ese sentido, *Taylor's Version* es también una crítica a la industria de la amnesia, que borra lo que no controla.

El impacto fue monumental. Las regrabaciones batieron récords, alcanzaron el número uno en listas internacionales y generaron un efecto dominó entre otros artistas, que comenzaron a reclamar los derechos de sus obras. Pero, más allá del éxito económico, lo que *Taylor's Version* logró fue reescribir las reglas del poder cultural. Por primera vez, una mujer artista demostró que podía revertir un contrato injusto sin someterse al sistema, usando la creatividad como herramienta de emancipación. "Taylor no destruyó el modelo industrial —dijo *The Guardian*—, lo superó con arte, con paciencia y con una inteligencia que el dinero no puede comprar."

El proyecto también resuena como metáfora generacional. En una era de fugacidad digital, donde las canciones duran un suspiro en la memoria colectiva, Swift reivindicó la permanencia y la autoría. Hizo de la nostalgia un acto de resistencia, del pasado una plataforma de autonomía. Y en ese gesto, su voz se volvió más que una melodía: se convirtió en manifiesto.

En *Taylor's Version*, la artista no solo se reencuentra con su pasado: lo domina. Cada nota regrabada es una declaración de que la memoria puede ser propiedad, y que la historia, incluso cuando la escriben otros, puede volver a ser contada en primera persona. En una industria que suele devorar a sus creadoras, Swift eligió reconstruirse con sus propias manos. Y al hacerlo, convirtió el gesto más íntimo —volver a cantar sus canciones— en el acto político más poderoso de su carrera: el de una mujer que decide ser autora, dueña y narradora de sí misma.

La mujer detrás del mito

Detrás de los discos multiplatino, las giras monumentales y los símbolos cuidadosamente construidos, existe una figura que sigue siendo, ante todo, humana: Taylor Alison Swift. El mito, alimentado por una maquinaria mediática y una devoción global, podría haberla devorado; sin embargo, lo más fascinante de su trayectoria es que nunca ha permitido que la leyenda suplante a la persona. En cada etapa, ha dejado entrever —a veces con sutileza, otras con desarmante franqueza— a la mujer real que late bajo la luz de los reflectores: una creadora obsesiva, una narradora de sí misma, una persona en constante búsqueda de equilibrio entre la exposición y la intimidad.

Swift ha vivido toda su adultez bajo el escrutinio público, una circunstancia que en otros artistas ha generado desgaste, cinismo o desconexión. Ella, en cambio, transformó esa exposición en materia prima para su obra. Lo que para otros sería una carga, en ella se convierte en relato. "La fama no me define —dijo en una entrevista con *Time* (2023)—, pero me sirve para entender quién soy cuando todo el mundo cree saberlo."

En esa frase se condensa su método: no huir del mito, sino narrarlo desde dentro, moldearlo hasta hacerlo habitable. Su historia no es la de una estrella inalcanzable, sino la de una mujer que ha aprendido a vivir bajo la mirada ajena sin perder la suya propia.

Esa mirada interior ha sido siempre su refugio. Swift escribe como quien dialoga con su conciencia. Sus diarios, que comenzó a los doce años, se convirtieron con el tiempo en su laboratorio emocional. "Todo lo que siento, lo escribo", confesó en el documental *Miss Americana*. Esa escritura constante es lo que la ha mantenido anclada a la realidad, lo que le ha permitido traducir la vorágine en sentido. En las letras de *Clean*, *The Archer* o *Mirrorball* hay rastros de una sensibilidad casi diarística, un deseo de orden en medio del ruido. La fama puede fabricar espejismos, pero su escritura los disuelve.

La mujer detrás del mito es también una trabajadora incansable. La perfección que proyecta en escena no es fruto del artificio, sino de una ética del esfuerzo que se remonta a su adolescencia en Nashville: largas horas de composición, ensayos milimétricos, control total de los detalles. Quienes la conocen describen su disciplina como la de una directora de orquesta obsesionada con la coherencia estética. "Nada en Taylor es improvisado —ha dicho su productor Jack Antonoff—, pero todo es profundamente sincero." Esa combinación de cálculo y emoción es la que la ha convertido en una autora total: alguien que no delega su visión, que concibe cada gira, cada videoclip, cada álbum como una extensión de su mundo interior.

Sin embargo, esa autoexigencia tiene un costo. En diversas ocasiones, Swift ha hablado de la ansiedad, la inseguridad y la presión de sostener un ideal público. En *You're on Your Own, Kid* confiesa el vértigo de la soledad; en *This Is Me Trying*, el cansancio de quien teme no estar a la altura. Su honestidad emocional ha sido parte de su redención: al mostrar su fragilidad, ha permitido que millones de personas se reconcilien con la suya. En un entorno donde la perfección se exige como norma, Taylor ha reivindicado el derecho a no ser impecable. "Si me derrumbo —escribió en una carta a sus fans—, al menos será por intentar algo que amaba."

También hay en ella una dimensión espiritual, discreta pero constante. La búsqueda de sentido atraviesa sus letras y decisiones. Aunque su discurso evita el dogma, se percibe un anhelo de trascendencia, una fe en la palabra y en la creación como refugio. Swift no predica: contempla. Y en esa contemplación se revela la artista que mira el mundo con asombro, que agradece lo que la supera, que encuentra en la música una forma de comunión. Tal vez por eso sus conciertos se asemejan más a ceremonias que a espectáculos: son rituales de reconocimiento, espacios donde la emoción se vuelve lenguaje común.

Ser "Taylor Swift" implica cargar con un mito que, en buena medida, ella misma ha construido, pero también sostener la humanidad que ese mito oculta. La artista ha aprendido a convivir con ambas dimensiones. Ha sabido ser la empresaria que negocia con las disqueras y la joven que canta sola en su cocina; la celebridad global y la mujer que escribe en un cuaderno al amanecer; el símbolo y la persona. En su equilibrio entre poder y vulnerabilidad reside su grandeza.

La mujer detrás del mito no busca ser inmortal, sino coherente. Y esa coherencia —entre lo que canta, lo que vive y lo que defiende— es lo que la ha convertido en una figura única de su tiempo. Swift no aspira a escapar de la historia del pop, sino a humanizarla. Su legado no será solo el de los récords o los premios, sino el de haber recordado al mundo que, incluso entre luces y multitudes, sigue siendo posible escribir, amar, dudar y renacer. En el fondo, su historia no es la de una estrella, sino la de una mujer que aprendió a brillar sin dejar de ser sombra.

CAPÍTULO 12.

Cultura, redes y generaciones

El lenguaje Swift en las redes sociales

S i hay un territorio donde la figura de Taylor Swift ha demostrado su inteligencia narrativa y su capacidad de adaptación, ese es el universo de las redes sociales. En una época en la que la comunicación instantánea redefine el vínculo entre artista y público, Swift ha logrado lo que pocos: convertir su presencia digital en un lenguaje propio, un código emocional que combina astucia literaria, complicidad con sus fans y control estratégico del discurso. El "lenguaje Swift" no es solo una manera de comunicarse, sino un estilo cultural que ha permeado toda una generación.

Desde sus primeros años en MySpace —cuando publicaba letras escritas a mano y mensajes directos a quienes la seguían— hasta el uso minucioso que hoy hace de plataformas como Instagram, TikTok o X, Swift ha entendido que la red no es únicamente un escaparate, sino un relato en tiempo real. En lugar de usar las redes como altavoz promocional, las transformó en una extensión de su universo simbólico. Cada publicación, cada emoji, cada pista enigmática se convierte en parte de una narrativa más amplia, tejida con la misma intención con que escribe una canción. "En un mundo donde todos hablan

—escribió *The New York Times* (2022)—, Taylor ha convertido el silencio y el detalle en sus mayores armas de comunicación."

El lenguaje Swift se compone de tres elementos esenciales: la metáfora, el juego y la emoción. Swift escribe en redes con la misma voz que en sus letras: íntima pero precisa, melancólica pero lúcida. No busca imponer, sino invitar. Deja pistas, referencias, "Easter eggs" que los fans descifran como si fueran fragmentos de un enigma poético. Cada anuncio, cada imagen o palabra encriptada genera un movimiento de interpretación colectiva: la comunidad *Swiftie* se convierte así en una hermandad de lectores, un fandom que no solo consume, sino que analiza, traduce y narra. Es un fenómeno literario en clave digital: una autora que escribe con símbolos, guiños y silencios.

A diferencia de otras celebridades, Swift no necesita publicar constantemente. Su poder radica en la expectativa. Sabe desaparecer y regresar con precisión quirúrgica. Cada gesto —un cambio en la biografía, una foto en blanco y negro, una frase de doble sentido— desencadena un torrente de especulaciones. En ese juego, el control narrativo nunca se le escapa. Swift ha domesticado el ruido de las redes sin perder su voz. Ha hecho de la comunicación digital un arte de la sugerencia, una escritura encriptada que, más que informar, emociona.

Esa estrategia es también una forma de resistencia. En un entorno donde la sobreexposición es moneda corriente, Taylor Swift ha elegido la curaduría: mostrar sin rendirse al espectáculo. Su lenguaje digital no es un espejo de la intimidad, sino una escenografía de su pensamiento creativo. Escribe como quien dirige una historia, consciente de que cada palabra es parte de un guion mayor: su evolución como artista y como símbolo. En ese sentido, sus redes funcionan como un diario público y, al mismo tiempo, como una obra de arte conceptual.

El impacto cultural del lenguaje Swift ha trascendido su propia figura. Expresiones, colores, gestos y frases de sus canciones han invadido la conversación global. Hashtags como *#Swifties*, *#ErasTour* o *#Taylor'sVersion* no solo identifican temas, sino emociones compartidas. Los memes, las recreaciones de letras y las interpretaciones de los videoclips funcionan como un diálogo creativo entre artista y público. Swift no impone un discurso: lo co-crea. Ha logrado que sus seguidores se conviertan en narradores paralelos de su historia, una multiplicidad de voces que amplifican el mito sin diluir su autenticidad.

Sin embargo, el lenguaje Swift no es solo juego o marketing: es también vulnerabilidad. En muchos de sus mensajes, la artista ha hablado directamente de sus miedos, su ansiedad o su gratitud. Ha pedido disculpas, ha celebrado a sus fans, ha compartido reflexiones sobre la identidad y el crecimiento personal. Esa combinación de franqueza y misterio es la que mantiene viva la conexión. "Ella habla como una amiga que te conoce —dijo una fan en una entrevista con *Rolling Stone*—, pero también como una escritora que deja que descifres lo que no dice." Esa ambigüedad controlada es su firma literaria.

El "lenguaje Swift" se ha convertido, así, en un fenómeno cultural transgeneracional. Los jóvenes lo adoptan como modelo de expresión emocional; los medios lo estudian como ejemplo de comunicación estratégica; los académicos lo interpretan como un nuevo tipo de narrativa digital. En él conviven la poética del diario íntimo y la astucia de una directora de marketing, la espontaneidad y el cálculo, la emoción y la estructura. Swift ha convertido la red —ese territorio volátil y efímero— en un espacio de permanencia simbólica.

Hoy, cuando una simple publicación suya puede alterar los algoritmos del mundo, queda claro que Taylor Swift no usa las redes: las escribe. Las convierte en lienzo, en mapa de signos, en relato emocional. En su lenguaje, lo digital se vuelve humano, lo cotidiano se transforma en literatura y lo personal se expande hasta volverse universal. Porque al final, la red —como su música— no es para ella una vitrina, sino un espejo: un lugar donde las historias se multiplican y la voz de una mujer sigue siendo, con todas sus luces y sombras, la más poderosa forma de conexión.

Cómo Taylor redefine la relación artista-público

Taylor Swift ha logrado lo que muy pocos artistas contemporáneos: transformar la relación entre creador y público en una conversación continua, íntima y bidireccional. En una época donde la distancia entre el escenario y la audiencia parece insalvable, ella ha construido un puente emocional que desafía las jerarquías tradicionales de la fama. No hay idolatría vacía, sino complicidad; no hay público pasivo, sino comunidad. Swift no se limita a cantar *para* sus fans: canta *con* ellos, desde ellos y a veces incluso *a través* de ellos. Esa reciprocidad —paciente, auténtica, cuidadosamente construida— ha redefinido por completo el papel del artista en el siglo XXI.

Desde sus inicios, cuando escribía cartas manuscritas a sus primeros seguidores o los invitaba a sesiones privadas llamadas *Secret Sessions* para escuchar antes que nadie sus nuevos discos, Swift entendió que la conexión emocional era más poderosa que cualquier estrategia de marketing. No se trataba de vender cercanía, sino de practicarla. Esa ética de la atención —escuchar, responder, agradecer— se volvió el núcleo de su relación con los *Swifties*. A lo largo de los años, la artista ha demostrado que la fidelidad del público no se gana con promesas, sino con coherencia: con la constancia de quien no se esconde tras la fama, sino que la utiliza para tender la mano.

El fenómeno Swift se sostiene, en gran medida, en su capacidad para convertir lo personal en colectivo. Cada canción funciona como un espejo compartido: los fans no solo escuchan sus historias, sino que las habitan. *All Too Well, Clean, You're on Your Own, Kid* o *Daylight* no son solo confesiones de una mujer, sino himnos generacionales que condensan las emociones de millones de oyentes. En esa alquimia entre la vivencia privada y la catarsis colectiva se funda la nueva relación artista-público: Swift escribe su diario, pero lo publica en verso para que todos lo lean y se reconozcan. "Ella no busca admiración —escribió *The Atlantic* (2023)—, busca comunión."

El uso que hace de las redes sociales amplifica esa sensación de cercanía. Swift no se comporta como una figura inalcanzable, sino como una narradora que comparte fragmentos de su proceso vital. Publica fotos sin filtro, comparte lecturas, comenta teorías de sus fans, juega con ellos en los lanzamientos. A través de gestos tan simples como "me gusta" o respuestas breves, crea un lenguaje afectivo de reconocimiento mutuo. Cada interacción digital refuerza la idea de que la distancia entre ídolo y público puede reducirse hasta parecer inexistente. Pero lo extraordinario es que, incluso en esa proximidad, Swift nunca pierde el control de su narrativa. Sabe cuándo hablar y cuándo callar; cuándo ser amiga y cuándo ser autora. Su intimidad no es exposición, sino escritura.

En sus conciertos, esa relación alcanza su forma más pura. *The Eras Tour* es la culminación de un pacto emocional: un espectáculo monumental donde miles de personas cantan, lloran, ríen y se reconocen entre sí. Cada *era* del show no es solo una etapa artística, sino un capítulo compartido de crecimiento. Swift dirige con precisión cada gesto, cada pausa, cada palabra, pero deja espacio para la espontaneidad de la multitud. El público se convierte en coro, y ella, en narradora que oficia un rito de comunidad. "Cuando estoy sobre el escenario —dijo en una entrevista con *Variety*—, siento que todos somos parte de la misma historia. Yo la escribí, pero ellos la completan."

Esa concepción participativa del arte musical desafía el modelo tradicional del estrellato. En lugar de reforzar la distancia entre artista y público, Swift ha construido una cultura de reciprocidad afectiva. Ha sabido compartir poder sin perder autoridad, abrir su universo sin diluir su identidad. Su relación con los *Swifties* no se basa en el fanatismo, sino en la empatía. No hay imposición, sino diálogo. En un mundo saturado de celebridades efímeras y comunicación vacía, esa honestidad resulta revolucionaria.

Swift también ha enseñado a su público a ser consciente de su papel. Cuando lanzó las regrabaciones de sus discos, los fans respondieron con un activismo cultural inédito: boicotearon las versiones antiguas y apoyaron masivamente *Taylor's Version*, convirtiendo el consumo musical en un gesto político. La relación artista-público se volvió entonces alianza. Ella dio el mensaje; ellos lo multiplicaron. Fue una demostración de que la comunidad puede ser una fuerza ética además de estética.

En última instancia, Taylor Swift ha reformulado el vínculo entre arte y audiencia como una forma de confianza. No se trata ya de idolatrar, sino de acompañar. Su público la ha visto caer, ser humillada, desaparecer y renacer; ella, a su vez, los ha acompañado en sus duelos, amores y transiciones. Esa reciprocidad ha creado una red emocional que sobrevive más allá de la música.

Taylor Swift no es solo una artista que tiene fans: es una autora que ha creado una comunidad literaria en torno a su vida, un tejido emocional donde el público participa activamente del relato. En su mundo, el escenario no separa: une. Y cada canción, cada gesto, cada palabra compartida en redes o en un estadio, confirma que la música puede seguir siendo, incluso en la era digital, un espacio de verdad y pertenencia. En tiempos de ruido y distancia, Swift ha recordado algo esencial: que el arte no se trata de quién brilla más fuerte, sino de quién sabe iluminar a los demás.

Generación Z, vulnerabilidad y empoderamiento

Taylor Swift pertenece a una generación puente, pero su legado emocional y cultural ha encontrado su resonancia más profunda en la Generación Z, ese grupo de jóvenes que ha crecido entre la inmediatez de las redes y la fragilidad del mundo posmoderno. En ellos, Swift ha hallado no solo un público, sino un espejo: una audiencia que comprende su lenguaje de la vulnerabilidad, que interpreta la emoción como forma de poder y que reconoce en su figura algo más que una estrella pop —una aliada que pone palabras a lo que muchos sienten y no saben expresar.

La Generación Z ha crecido en un contexto de sobreexposición y ansiedad, de crisis climática y precariedad emocional, de individualismo digital y búsqueda desesperada de autenticidad. En ese entorno, la obra de Swift se ha convertido en un refugio narrativo. Sus canciones ofrecen una gramática de los afectos que habla con honestidad sobre el amor, la inseguridad, la autoimagen y la reconstrucción personal. Lejos de imponer modelos de perfección, Taylor celebra la imperfección como signo de humanidad. En *Anti-Hero*, por ejemplo, se declara su propio antagonista; en *This Is Me Trying*, admite sus dudas y derrotas; en *You're On Your Own, Kid*, reconoce el vértigo de crecer sola. No hay moralejas, sino confesiones. Y es precisamente esa franqueza la que conecta con una generación que ha hecho de la vulnerabilidad su bandera.

Lo que antes era visto como debilidad —llorar, fallar, dudar— hoy se percibe como acto de valentía. Swift, que ha vivido en carne propia el escrutinio y el linchamiento mediático, ha enseñado que mostrarse herida no significa rendirse, sino resistir. Su honestidad se ha vuelto política: una forma de oponerse al mandato de la perfección femenina. "La vulnerabilidad no me hace menos fuerte —dijo en *Elle* (2020)—. Es lo que me permite sobrevivir." Esa declaración resume el espíritu de su influencia sobre la Generación Z: un feminismo emocional, empático y cotidiano que reivindica la autenticidad frente a la fachada.

A diferencia de otras figuras del pop que proyectan un empoderamiento basado en el éxito o el control, Swift propone uno más introspectivo: el de conocerse, perdonarse y reconstruirse. No se trata de "ser invencible", sino de aceptar la contradicción. En sus letras, la caída es parte del viaje, y la introspección, una forma de resistencia. Esa filosofía conecta con una generación que prefiere la honestidad imperfecta a la armadura del cinismo. "Ella nos enseñó —escribió *Teen Vogue* (2022)— que ser fuerte no es no llorar, sino atreverse a hacerlo frente al mundo."

Swift ha sabido también acompañar los dilemas morales y existenciales de su tiempo: la búsqueda de identidad, la presión por la validación digital, la soledad de la hiperconexión. Sus canciones son espejos donde los jóvenes se reconocen sin filtros. En *Mirrorball*, la artista parece hablar directamente con ellos: "Brillo solo porque ustedes me miran." Es la confesión de una vulnerabilidad compartida, la aceptación de que todos, de algún modo, buscamos reflejos que nos devuelvan sentido.

El empoderamiento que propone Taylor Swift no se mide en aplausos ni en récords, sino en autoconciencia. Es un empoderamiento literario y emocional, construido sobre la palabra, la memoria y la coherencia. En un tiempo en que los discursos motivacionales se consumen como mercancía, su voz resuena distinta: no promete salvación, sino compañía. Ella no ofrece un modelo de perfección, sino un proceso. Y en ese proceso, la Generación Z ha encontrado una guía sin dogmas: una artista que cae y se levanta, que duda y se afirma, que tropieza y sigue cantando.

Por eso, más que una ídola, Swift se ha convertido en un referente emocional. Su relación con la Generación Z no se basa en la autoridad, sino en la empatía. No les dice qué sentir: siente con ellos. Ha transformado el pop en un espacio de conversación emocional donde el dolor puede ser arte y la fragilidad, fortaleza. Su ejemplo enseña que mostrarse no es exponerse, sino liberarse; que narrar el miedo es una forma de vencerlo; que el poder auténtico no consiste en no quebrarse, sino en reconstruirse con belleza.

En un mundo que a menudo premia la velocidad y la apariencia, Taylor Swift encarna una ética distinta: la de la pausa, la introspección y la palabra sincera. Por eso su influencia en la Generación Z es más profunda que cualquier moda: es existencial. Ella les ha recordado que la vulnerabilidad no es el fin del poder, sino su origen. Y en cada verso que confiesa su humanidad, Swift confirma que el arte —cuando se escribe desde la verdad— puede ser la forma más luminosa de resistencia.

De ídolo a arquetipo: la voz que narra el siglo XXI

Taylor Swift ya no pertenece únicamente al ámbito de la música: se ha convertido en una figura arquetípica, un espejo de la sensibilidad del siglo XXI. Lo que comenzó como la historia de una joven cantautora de Nashville se ha transformado, con el paso de los años, en una epopeya moderna sobre la identidad, la palabra y el poder de la narrativa personal. Su trayectoria es más que una discografía: es una crónica emocional de una era que busca sentido en medio del ruido. En ella, cada álbum, cada gesto y cada silencio componen un relato de autoconocimiento y de resistencia frente a un mundo que exige definiciones rápidas y olvida la profundidad.

De ídolo adolescente a autora total, Swift ha transitado una metamorfosis que refleja las tensiones y esperanzas de su tiempo. En sus primeras canciones, la inocencia y la vulnerabilidad eran refugio; en las últimas, se han vuelto herramientas de reflexión. Su evolución no solo es artística, sino ética: ha pasado de buscar aprobación a reclamar autonomía, de contar historias de amor a construir universos simbólicos donde el amor, la pérdida, la memoria y el poder se entrelazan con lucidez poética. A través de su música, Taylor Swift ha narrado la transición de una generación que aprendió a vivir entre lo analógico y lo digital, entre la ilusión romántica y la conciencia crítica, entre la exposición total y la necesidad de intimidad.

Su voz —al mismo tiempo frágil y contundente— encarna el espíritu de una época en la que la confesión se ha convertido en una forma de arte y la vulnerabilidad, en un lenguaje compartido. En ella confluyen la narradora y la protagonista, la artista y la mujer, la creadora que domina la estructura del relato y la persona que aún se permite dudar dentro de él. Swift escribe con una precisión que trasciende lo musical: sus letras son pequeñas ficciones morales que exploran la experiencia humana con una sensibilidad que recuerda a la de los grandes autores de su canon íntimo —Dickinson, Plath, Brontë—, pero traducida al idioma del pop contemporáneo.

Su poder radica en haber comprendido que, en el siglo XXI, la narrativa es la nueva soberanía. La lucha por el control de su propia voz —desde las disputas por los másters hasta la decisión de regrabar sus álbumes— no es solo un asunto legal o artístico, sino un manifiesto sobre la propiedad de la propia historia. En una industria que ha intentado reducir a las mujeres a personajes secundarios, Swift ha reescrito el guion y se ha sentado en la silla de dirección. Su lema tácito podría resumirse así: si me van a contar, seré yo quien lo haga.

En un panorama cultural marcado por la inmediatez y la fugacidad, ella ha reivindicado el valor de la memoria. *The Eras Tour*, más que un concierto, es una celebración de esa conciencia temporal: un viaje a través de su propia mitología, una puesta en escena del tiempo como materia artística. Al mirar hacia atrás sin nostalgia y hacia adelante sin temor, Swift se erige como una narradora del presente en perpetua transformación. Su arte no se limita a capturar el momento, sino a interpretarlo, dotarlo de sentido y ofrecerlo como espejo generacional.

Por eso, más que un ídolo, Taylor Swift es un arquetipo. Representa a la mujer que se construye a sí misma en público, que aprende a renacer tras el escarnio, que convierte la exposición en arte y el dolor en sabiduría. Es la encarnación de una nueva mitología femenina: la heroína que no necesita vencer dragones, sino comprenderlos; la artista que, al narrar sus heridas, enseña a toda una generación a poner nombre a las suyas. Su historia es la de un mundo que ha aprendido, a través de ella, que el relato puede ser un acto de liberación.

El poder de Taylor Swift no reside únicamente en su talento musical, sino en su dominio del relato. Ha demostrado que la fama puede ser también una forma de escritura y que el público, en lugar de simple espectador, puede ser coautor. Cada fan que interpreta sus letras, que detecta un símbolo o que encuentra consuelo en una estrofa, prolonga el eco de su voz más allá del escenario. Esa coralidad es la esencia de su tiempo: un arte que ya no se impone desde arriba, sino que se comparte horizontalmente, como un diálogo, como una red.

Taylor Swift ha trascendido el molde de la celebridad para convertirse en narradora de una era. Su historia personal —hecha de amor y desamor, de escarnio y redención, de silencio y palabra— se ha vuelto metáfora de un siglo que busca identidad entre el ruido, el algoritmo y la emoción. Si en el siglo XIX las novelas de Austen o las hermanas Brontë ayudaron a comprender la condición femenina de su tiempo, en el XXI las letras de Swift cumplen una función similar: dar voz, contexto y belleza a la experiencia emocional contemporánea.

Así, al cerrar este recorrido, comprendemos que Taylor Swift no solo ha contado su vida, sino la de millones. Ha tejido, con melodías y metáforas, una nueva forma de literatura popular. Ha demostrado que el arte no pertenece a los géneros ni a las élites, sino a quien se atreve a narrar desde la verdad. En su obra, la emoción se vuelve lenguaje, la intimidad se transforma en historia, y la historia, en legado.

Taylor Swift no canta solo lo que siente: canta lo que somos. En su voz, el siglo XXI encuentra su narradora. Una voz que no dicta, sino conversa; que no proclama, sino confía; que no se eleva para ser adorada, sino para recordarnos —con ternura y con fuerza— que en la fragilidad también habita el poder. Porque, al final, Swift no solo ha conquistado la música: ha conquistado la palabra. Y con ella, ha escrito la banda sonora —y la memoria emocional— de nuestro tiempo.

BIBLIOGRAFÍA

Ahmed, Sara. *The Cultural Politics of Emotion.* 2.ª ed. Edinburgh: Edinburgh University Press, 2014.

Auslander, Philip. *Liveness: Performance in a Mediatized Culture.* 3.ª ed. London: Routledge, 2022.

Baym, Nancy K. *Playing to the Crowd: Musicians, Audiences, and the Intimate Work of Connection.* New York: New York University Press, 2018.

boyd, danah. *It's Complicated: The Social Lives of Networked Teens.* New Haven: Yale University Press, 2014.

DeNora, Tia. *Music in Everyday Life.* Cambridge: Cambridge University Press, 2000.

Dyer, Richard; McDonald, Paul. *Stars.* 2.ª ed. London: British Film Institute, 1998.

Frith, Simon. *Performing Rites: On the Value of Popular Music.* Cambridge (MA): Harvard University Press, 1998.

Frith, Simon; Straw, Will; Street, John (eds.). *The Cambridge Companion to Pop and Rock.* Cambridge: Cambridge University Press, 2001.

Gill, Rosalind. *Gender and the Media.* Cambridge: Polity Press, 2007.

Gray, Jonathan; Sandvoss, Cornel; Harrington, C. Lee (eds.). *Fandom: Identities and Communities in a Mediated World.* 2.ª ed. New York: New York University Press, 2017.

Hawkins, Stan (ed.). *The Routledge Research Companion to Popular Music and Gender.* London–New York: Routledge, 2017.

Hesmondhalgh, David. *The Cultural Industries*. 4.ª ed. London: SAGE Publications, 2019.

Jenkins, Henry. *Cultura de la convergencia de los medios de comunicación*. Barcelona: Paidós, 2008.

Jenkins, Henry; Ford, Sam; Green, Joshua. *Spreadable Media: Creating Value and Meaning in a Networked Culture*. New York: New York University Press, 2013.

Lieb, Kristin J. *Gender, Branding, and the Modern Music Industry: The Social Construction of Female Popular Music Stars*. 2.ª ed. New York–London: Routledge, 2018.

Marshall, P. David. *Celebrity and Power: Fame in Contemporary Culture*. Minneapolis: University of Minnesota Press, 2014 (ed. revisada).

Marwick, Alice E. *Status Update: Celebrity, Publicity, and Branding in the Social Media Age*. New Haven: Yale University Press, 2013.

McRobbie, Angela. *The Aftermath of Feminism: Gender, Culture and Social Change*. London: SAGE Publications, 2009.

Negus, Keith. *Producing Pop: Culture and Conflict in the Popular Music Industry*. London: Edward Arnold, 1992.

Turner, Graeme. *Understanding Celebrity*. 2.ª ed. London: SAGE Publications, 2014.

van Dijck, José. *The Culture of Connectivity: A Critical History of Social Media*. New York: Oxford University Press, 2013.

Vernallis, Carol. *Experiencing Music Video: Aesthetics and Cultural Contexts*. New York: Columbia University Press, 2004.

Wikström, Patrik. *The Music Industry: Music in the Cloud.* 3.ª ed. Cambridge: Polity Press, 2020.

Williams, Katherine; Williams, Justin A. (eds.). *The Cambridge Companion to the Singer-Songwriter.* Cambridge: Cambridge University Press, 2016.